100 Modern French Unseens

100 MODERN FRENCH UNSEENS

selected by

JANET M. FERRIER

GERALD DUCKWORTH & CO. LTD.,
3 Henrietta Street, London, WC2

First published in 1970 by
Gerald Duckworth & Company Limited
3 Henrietta Street, London W.C.2.

ISBN 0 7156 0514 3

 PRINTED BY Unwin Brothers Limited
THE GRESHAM PRESS OLD WOKING SURREY ENGLAND

Produced by 'Uneoprint'

A member of the Staples Printing Group   (UO9190)

CONTENTS

Though a good translator is infinitely below the man who produces *good* original works, he is infinitely above the man who produces *feeble* original works.

(George Eliot, *The Leader,* 20 October, 1855)

PREFACE

This collection of extracts from French prose writers for translation into English is intended for the use of university students. The passages are taken from works published during the last fifty years, but with a preponderance of those written after the Second World War. My intention has been to choose passages representative of the various aspects of French writing during this period. Since, however, the collection is intended not as an anthology but as a means of providing material as varied as possible for practice in translation from French, some famous names from among contemporary writers do not appear. These were reluctantly excluded because, while as a rule the actual vocabulary and syntax were comparatively simple, — often, indeed, too simple to pose any real problems of translation *per se* — extracts from the works of these authors were meaningless when removed from their context.

Since no translation can be put forward as ideal, no key is offered to the passages in this book; neither has any attempt been made to grade the passages according to the degree of difficulty they present to the translator. This is not intended to imply that all the passages are of equal difficulty, but to acknowledge the fact that the relative difficulty of passages is a matter on which there is seldom agreement. Difficulty, indeed, may be of many kinds, from obscure vocabulary or complex syntax to the subtle problems of reproducing a style which may be highly idiosyncratic. It is hoped that examples of all these will be found here.

My thanks are due to the following authors, publishers and periodicals for permission to reproduce copyright material. The numbers in brackets after each name refer to the passages concerned.

M. Jean Anouilh (37); Atlantis Verlag (64); Librairie Bloud et Gay (70); Librairie Droz (50, 51); Librairie Ernest Flammarion (17, 21, 22, 39, 40, 42, 63, 67, 68); Editions Gallimard, NRF (3, 10, 11, 16, 18, 19, 20, 25, 31, 34, 35, 36, 38, 41, 47, 48, 52, 58, 62, 66, 72, 74, 75, 76, 79, 81, 84, 100); Editions Garnier Frères (57); M. Jean-Pierre Giraudoux (32); Editions Bernard Grasset (4, 8, 12, 13, 15, 33, 49, 59); Librairie Hachette (87, 89); Librairie A. Hatier (53); Editions Robert Laffont (23); Librairie Lardanchet (56); Librairie Larousse (68): Letouzey et Ané, Editeurs (86); Manchester University Press (83); Mercure de France (2, 30); Editions Albin Michel (29, 46); Editions de Minuit (5, 26, 61); Editions Montchrestien (93); Editions A. G. Nizet (55); Librairie Académique Perrin (92); Librairie Plon (1, 7, 9, 24, 95); Presses Universitaires de France (78, 80, 90, 94); Editions du Seuil (6, 27, 54, 60, 85); Mme. Helena Strassova (65); Editions Pierre Tisné and M. Michel Florisoone (69); Professor Eugène Vinaver (45); Librairie Philosophique J. Vrin (77); *L'Express* and M. Roger Priouret (91); *Le Figaro* (99); *Le Figaro Littéraire* (71); *Le Journal de Genève (Samedi*

Littéraire) and M. Jean-Pierre Leyvraz (44); *La Tribune de Genève* (43); *Le Nouvel Observateur* (73); *Le Monde* (98); *Paris-Match* (97).

There are one or two extracts for which it has been impossible to trace the owners of the copyright; I hope that in these cases it will be considered sufficient acknowledgement to have cited the author and source.

J.M.F.

FICTION

1. APRÈS-MIDI D'ÉTÉ

Le jour glissait du zénith, par larges nappes obliques qui venaient ruisseler le long des hautes pierres blanches, pour rejaillir en grappes multicolores aux quatre coins des pelouses — jaunes et pourpres avec les dahlias, roses et blanches avec les oeillets — jusqu'à se perdre dans le vert assombri des bordures. Mais ce n'était là, si l'on peut dire, que le motif principal de la symphonie serti dans la trame serrée de l'orchestre. La nappe immense s'était déjà brisée en l'air sur quelque récif translucide, et le vent invisible en éparpillait l'écume, comme par jeu, aux endroits les plus inaccessibles, au creux d'un talus plein d'ombre, à la dernière feuille d'un buisson de lilas, ou à l'extrême pointe du pin noir. On eût dit moins la vaste, l'universelle explosion du jour que l'embrasement insidieux d'un taillis bien sec, lorsque l'ondulation instantanée de la flamme court d'une brindille à l'autre, ainsi qu'une minuscule langue écarlate. Car à certaines heures d'un été trop lourd, la nature, au lieu de s'ouvrir et de s'étendre sous la caresse brillante, semble au contraire se replier sur elle-même, muette, farouche, dans l'immobilité, la résignation stupide d'une proie qui a senti se refermer dans son flanc, au point vital, la pince des mâchoires du vainqueur. Et c'était bien, en effet, à la morsure, à des milliards et des milliards de petites morsures assidues, à un énorme grignotement que faisait penser la pluie raide tombée d'un ciel morne, l'averse des dards chauffés à blanc, l'innombrable succion de l'astre.

GEORGES BERNANOS: *La Joie* (1929)

2. LE PRINTEMPS

Le printemps vint. Le printemps fit, dans notre monde, une très suave explosion. Nos arbres commencèrent de manifester leurs vertus. Nous ne connaissions pas nos arbres. Le parc nous semblait fort beau dans son austérité hiémale. Il prit soudain son visage de richesse et nous fûmes émerveillés. Il avait, sans nul doute, été dessiné par un habile architecte et les essences en avaient été choisies par un horticulteur judicieux. Des feuillages de couleurs vives et variées surgirent et se prirent à jouer dans les moindres souffles du vent. Il y avait là des hêtres, des coudriers et des pruniers pourpres, des érables panachés, des frênes pleureurs à la grâce abandonnée. Les conifères, heureusement disposés, jetaient sur le tableau de profondes ombres bleues et les acacias balançaient à la face des nues leur opulent plumage doré.

1

Nous avions, les uns et les autres, poussé parmi les fumées et les ténèbres de la grande ville. Tout nous étonnait, tout nous était prétexte à divertissement. J'avais, pour mon compte, eu la chance de quelques vacances à Nesles-la-Vallée, dans le pays de mon père, et, plus tard, le fameux séjour de Créteil. Je n'y avais rien vu, rien senti, rien compris. La découverte de la nature, de la terre, des prodiges végétaux, je la fis brusquement, à vingt-six ans, dans notre jardin de Bièvres. C'est là, dans ce clos sauvage, que, pour la première fois, j'entrevis avec une enthousiaste horreur le sens et la logique inhumaine de cette vie dont nous sommes à jamais les esclaves. C'est dans notre clos de Bièvres que j'ai vraiment regardé pour la première fois les plantes germer et se battre, les gousses lâcher leurs graines à l'appel d'un rayon brûlant, les araignées travailler au ras du sol avec une patience opiniâtre, les fourmis installer au pâturage le placide troupeau des pucerons domestiques.

Le verger, qui n'avait pas été taillé depuis longtemps, fit néanmoins une floraison généreuse. Les gelées matinales commencèrent de nous donner des alarmes. Sénac y trouvait prétexte à de brèves crises de désespoir. A chaque instant, et sans rien dire, il posait le composteur sur la basse et sortait. Il revenait au bout de quelques instants et lançait, d'une voix lugubre: «Tout est rousti. Les dernières fleurs n'ont pas tenu contre le froid d'hier matin.» Nous étions bien déçus.

Les jours passèrent et Sénac changea de chanson. Il revenait de ses reconnaissances en disant: «Des fruits! C'est dégoûtant. Vous verrez qu'il y en aura de sauvés.» Et, comme nous le regardions sans comprendre, il revenait à la charge: «Mais oui, la gelée devrait être aussi sévère pour tout le monde. Eh bien! pas du tout. C'est à n'y rien comprendre. Elle tue les trois quarts d'un bouquet et elle respecte le reste. Pourquoi? Je vous le demande. C'est une injustice révoltante.»

— Je ne vois pas, disait Brénugat, pourquoi tu parles d'injustice. Ces fruits-là tu les mangeras.

Sénac haussait les épaules et jetait sur Brénugat un regard lourd de commisération.

GEORGES DUHAMEL: *Le Désert de Bièvres* (1937)

3. LA NEIGE

Le fleuve venait de s'engager dans la nuit, mais la nuit coulait sur la neige. Entre les rives toutes blanches, où cependant s'ouvraient, ça et là, des trous noirs, bras morts mystérieux, mares, paludes, une longue bête vivante se glissait sans bruit sous la pluie des flocons de neige qui amortissaient le murmure des eaux. Par moments, cette pluie tombait avec une telle abondance que le fleuve disparaissait sous le fourmillement de ces nappes intarissables qui descendaient hâtivement, et nul souffle ne les dispersait. Car l'air était calme et les ondes silencieuses de la neige traversaient par milliers de vols le vide du ciel. Ainsi le ciel, les eaux, les rives, l'île, se confondaient en une substance insaisissable. Et je m'y confondais moi-même jusqu'à perdre toute notion tant du lieu qu'ensevelissait cette dissolvante blancheur que des formes qui s'effaçaient à travers ces avalanches continuelles d'une vertigineuse mobilité. Je vivais cependant, mais dans un autre espace, un espace clos et illimité. Toute dimension s'y abolissait, tout n'y étant que mouvement, l'étendue devenait un mirage évasif que le moindre souffle dissipait; et j'avais l'impression que le geste le plus faible eût pu, d'un coup et sans effort, déplacer le corps vaporeux de cet univers impondérable où j'étais suspendu, sans poids, à travers le vide immense. L'être universel y flottait, et le vide lui-même, néant imaginaire inventé pour le léger monde de la neige qui ne pesait pas plus qu'une pensée, la dernière de mes songes. Je vagabondais, détaché de tout et presque de moi-même, inutile et libre, dans l'air irréel d'un espace qui naissait de la neige et que la neige détruisait, en s'éparpillant. Aucune sensation ne me rattachait à l'existence de cette fantasmagorie précaire et le froid nocturne lui-même me laissait insensible. Je n'étais plus qu'une onde, une onde humaine qui vibrait au passage de la neige et qui devenait neige, et qui voltigeait... Comment dans cet état de surnaturel allégement fis-je un pas, je l'ignore; mais tout à coup je vis, sous la berge de neige, l'eau sauvage. A deux pieds à peine de moi, rapide, noire, prête à me happer.

HENRI BOSCO: *Malicroix* (1948)

4. NUIT DE GRAND VENT

Ce vent! Tout près de moi, il secoue le rideau de fer de la cheminée, les tôles des cabanes à lapins et, s'engouffrant par les lucarnes du grenier, y fait bruire les fanes de haricots qui sèchent sur de longs fils. Je dors, je me réveille, je me rendors, enfoncée dans mon inquiétude et dans ce monde trouble du demi-sommeil où la conscience lutte contre le rêve.

Ce vent! Un peu plus loin, il torture les frênes et les rouvre, il rebrousse le poil des chiens errants dans la nuit... Je n'y suis pas, vous n'y êtes pas, nul n'y est, sauf l'ombre et ce qui vit dans l'ombre. Mais nous le saurons, mais nous le savons «comme Luc et Marc» qui, eux non plus, n'y étaient pas et qui ont vu, plus tard, les yeux fermés, avec une inspiration plus sûre que la présence. *En ce temps-là*, disent-ils... Formule soeur de celle qui me souffle encore à l'oreille: *Écoute-moi, Céline...*

Ce vent! Au loin dans la campagne, il déporte les chouettes en leur grand vol feutré. Dense comme une écharpe, il enveloppe, il étrangle les souches à grosses têtes qui simulent et qui sont peut-être, celle-ci un braconnier à l'affût, celle-là un homme aux aguets. Ce vent! Ce vent! Depuis la côte, il s'étire, il file de long, rasant l'herbe de haie en haie, butant contre des remparts de ronces et d'ajoncs, secouant le genêt, faisant grêler les

3

prunelles, siffler le trou de mésange foré dans un tronc de pommier. Renouvelé sans cesse, il repart, important, exportant — et avec un bruit de billets froissés — les derniers pétales, les premières feuilles mortes. Et surtout les odeurs. Ces innombrables odeurs de l'automne, plus compactes que les frêles parfums d'avril, mois sans poil et sans plume.

Les odeurs! Les chiens errants — et chez nous, où l'on n'attache guère les chiens, ils le sont presque tous —, les chiens errants s'en gavent. Voyez celui-ci ou plutôt celle-ci qui trotte, l'oreille sur l'oeil, prenant tout son temps, flairant ici, humant là, reniflant ailleurs avec insistance. Petite quête. Xantippe ne chasse pas, elle bricole, elle s'amuse. Une voie chaude, et la voilà tout de même lancée en flèche dans la nuit, le nez à fleur de terre et la gorge encombrée d'abois suraigus. Mais la garenne se jette au hallier, et la chienne, qui a l'oreille sensible, n'aime pas la bourrée. Crochet. Divagations. Une touffe qui sent bon a dû servir de gîte. Plus loin, le pied d'un cormier offre un fumet qui se prolonge sur l'écorce: un jeune écureuil est sans doute tapi à l'aisselle d'une branche, narguant les chiens, mais non le hibou. La chienne salue d'un coup de gueule et repart, longe le chemin de Noisière, bordé d'ajoncs qui lui cardent le poil. Circuit habituel. Au bout, il y a le bois de sapins, avec ses terriers élargis par d'acharnés grattis. Nous y sommes! Malgré les pluies récentes, le vent a tout ressuyé. Aiguilles, brindilles et broussailles sont aussi sèches qu'au coeur de l'été. Tout craque, tout se froisse. Le moindre pied, la moindre patte se trahit aussitôt... Stop! on bouge là-bas.

HERVÉ BAZIN; *L'Huile sur le Feu* (1954)

5. JOUR DE TEMPÊTE

Le soleil avait complètement disparu. Pour peu que le regard s'écartât du rivage, la mer apparaissait d'un vert uniforme, mat, opaque et comme figé. Les vagues semblaient naître à une très faible distance, pour se gonfler, brusquement, submerger d'un seul coup les roches géantes détachées de la côte et s'écrouler par derrière en éventails laiteux, s'engouffrer plus loin en bouillonnant dans les anfractuosités de la paroi, surgir de trous insoupçonnés, s'entrechoquer au milieu des chenaux et des grottes, ou jaillir soudain vers le ciel en panaches d'une hauteur inattendue — qui se répétaient pourtant aux mêmes points, à chaque lame.

Dans un renfoncement protégé par une saillie oblique, où l'eau plus calme clapotait au gré du ressac, une épaisse couche de mousse jaunâtre s'était accumulée, dont le vent détachait des lambeaux qu'il dispersait en tourbillons jusqu'en haut de la falaise. Sur le sentier qui longeait le bord, Mathias marchait d'un pas rapide, mallette à la main et canadienne boutonnée, plusieurs mètres en arrière du pêcheur. Celui-ci, une bouteille pleine pendant au bout de chaque bras, avait fini par se taire à cause du

4

vacarme. De temps à autre il se retournait vers le voyageur et criait quelques mots à son adresse, qu'il accompagnait de mouvements confus des coudes — embryons avortés de démonstrations plus vastes. Mathias ne pouvait entreprendre d'en reconstituer le plein développement, car il était obligé, afin de tendre l'oreille dans cette direction, de garder les yeux ailleurs. Il s'arrêta même un instant, pour mieux essayer de comprendre. A l'angle d'un étroit couloir, entre deux murailles presque verticales, l'eau s'enflait et se creusait tour à tour, au passage du flot; il ne se produisait à cet endroit ni déferlement ni remous; la masse mouvante y demeurait lisse et bleue, tout en montant et descendant contre la pierre. La disposition des rochers aux alentours amenait un brusque afflux de liquide dans la passe, sous la poussée duquel le niveau s'élevait à une hauteur dépassant de beaucoup celle de la vague initiale. L'affaissement s'amorçait aussitôt, qui créait en quelques secondes, à la même place, une dépression si profonde qu'on s'étonnait de ne pas y découvrir le sable, ou les galets, ou l'extrémité ondulante des algues. La surface y restait au contraire du même bleu intense, teinté de violet le long des parois. Mais pour peu que le regard s'écartât de la côte, la mer apparaissait, sous le ciel chargé de nuages, d'un vert uniforme, mat, opaque et comme figé.

Un écueil plus avancé, situé déjà dans cette zone où la houle avait l'air quasi insignifiante, échappait malgré sa forme basse à l'immersion périodique. C'est à peine si un liséré d'écume en cernait le contour. Trois mouettes s'y tenaient immobiles sur de légères proéminences, l'une un peu au-dessus des deux autres. Elles se présentaient de profil, toutes les trois orientées de façon identique et aussi semblables entre elles que si on les avait peintes, sur la toile de fond, au moyen du même pochoir — pattes raides, corps horizontal, tête dressée, oeil fixe, bec pointant vers l'horizon.

ALAIN ROBBE-GRILLET: *Le Voyeur* (1955)

6. SOUVENIRS D'UNE ENFANCE CARAÏBE

Voici le lieu: un étirement de tôles, qu'avoisine familièrement la terre rouge. Entre la ville et les hauteurs, voici la route, gardée par le terrible fromager. A l'opposé, la plaine inaltérable, jusqu'aux blancheurs du sud. A l'ouest, la boucle tourmentée de la Lézarde: elle veut emprisonner la cité, mais soudain elle se reprend, elle refuse ce gardiennage, et vers l'est, passé les cannes sinistres, elle se perd dans son delta. Sa goulée est parcourue de courants sales; la Lézarde n'a pas une belle mort.

Pourtant elle descend de belle façon les contreforts du nord, avec ses impatiences, sa jeunesse bleutée, les tourbillons de son matin. Lorsque paraît le premier soleil, la Lézarde surprise en son détour semble là s'assoupir, guetter l'astre, jouer à la dame, prudente; puis soudain elle bondit, c'est comme un peuple qui se lève, elle débouche d'angle en angle, et elle rattrape bientôt les écumes qu'elle a laissées sur ses rives, avaricieuse, occupée de toutes ses richesses, comme un usinier qui guette au fond de ses chaudières, elle ne laisse ni la lie jaune ni l'éclair bleu, et la voilà dans le grand matin, joyeuse et libertine, elle se déshabille et se réchauffe, c'est une fille nue et qui ne se soucie des passants sur la rive, elle baigne dans sa promptitude (éternelle, et l'eau passe sur l'eau) et bientôt, comme femme mûrie dans le plaisir et la satiété, la Lézarde, croupe élargie, ventre de feu sur les froides profondeurs de son lit, s'attarde et se repaît dans le cri de midi.

Oui, voici le lieu: l'amas de tôles au centre de cette boucle d'eau. L'immobile aridité au beau mitan de ce cercle où la fécondité passe à jamais. Et aux abords de la ville, la Lézarde s'humanise. Elle aménage des bassins et des criques (oui), bordés de roches. Les femmes viennent y laver le linge: elles s'en vont en procession, longeant la voie ferrée qui ne sert qu'à l'usine, elles s'installent près d'une pierre de table, l'eau sur leurs jambes noires se vêt de transparence. Et moi, enfant (l'enfant de cette histoire, et qui grandit à chaque mot) j'accompagne les femmes, je me roule sur le sable, je pêche sous les roches mon écrevisse du jour, que j'irai brûler sur un petit boucan, dans la savane. Je connais cette Lézarde des lessives: à deux heures de l'après-midi, je m'allonge dans l'eau, la tête soigneusement à l'écart du courant, tandis que le linge sèche sur l'herbe. Je ne roule plus dans le flot, j'attends que la Lézarde ait peu à peu tiédi mon corps. J'ai peur des congestions, et le déjeuner fut tardif. Je suis immobile, le faible courant de la rive me rassure, je ne crie plus. Et moi, enfant de cette his-toire, je ne sais pas encore que la Lézarde continue vers le soir et la mer noire, ainsi accomplissant sa mort et sa science; qu'à six heures, lorsque va tomber le serein, la fine humidité de l'avant-nuit, la Lézarde n'a plus de secrets; que son delta de boues, occupé d'énormes sangsues, se peuple sur les bords de taureaux placides. Je ne sais pas (je vais grandir en cette his-toire) qu'en la rivière est signifié le vrai travail du jour; que cette courbe autour de la cité est pour cerner un peu l'humanité, pour rassurer les hom-mes, les aider. Je ne sais pas que ce pays est comme un fruit nouveau, qui s'ouvre lentement (lentement) dévoilant peu à peu (par-delà les épaisseurs et les obscurités de l'écorce) toute la richesse de sa pulpe, offrant la richesse à ceux qui cherchent, à ceux qui souffrent. Je ne sais pas encore que l'homme importe quand il connaît dans sa propre histoire (dans ses passions et dans ses joies) la saveur d'un pays. Et, revenant de ces criques vers la ville, courant au long des rives, je ne sais pas encore que des légendes de la montagne où cette eau a grandi jusqu'aux réalités grises, précises de la plaine, le chemin n'a pas de haltes (hormis ce lieu de nos lessives); ni que ce flot sans retour mène au delta de nos magies, qui est l'aube de la vraie et douloureuse science.

EDOUARD GLISSANT: *La Lézarde* (1958)

7. JOUR DE PLUIE

Ce jour-là de la mi-mars, mouillé de pluie mais déjà plus clair et qui jetait par paquets sur les toits de la ville les embruns venus de la mer, Lucas Chambeaux en connaissait toutes les nuances à cause de tant de jours semblables, quand il avait comme en ce même instant quitté son bureau pour venir poser son front contre la vitre et rafraîchir de verdure ses yeux fatigués par les dossiers qu'il étudiait, les alignements de chiffres et tout ce qu'il appelait lui-même, l'épuisante aridité de son labeur.

A ces moments-là, le soleil l'eût moins réconforté que le chuchotement de l'eau, le miroitement des fusains lustrés à neuf par les premières sèves et la merveilleuse humidité qui les baignait. C'était cela qu'il aimait par-dessus tout, ce bruit de la pluie, cet isolement de fraîcheur ainsi qu'en doivent éprouver les habitants de quelque petite île étroitement resserrée par les vagues. La terre, il le savait, murmurait, gorgée, au pied des arbustes de l'étroit ruban de terre qui le séparait de la rue. Il lui semblait l'entendre aussi dans le jardin, qui de façon assez surprenante, conditionné dans sa largeur par la façade arrière de la maison, lui donnait dans ce paysage urbain un isolement rural. Le long de la rue légèrement déclive et presque toujours déserte, montaient et mouraient les rumeurs confuses de la cité.

Tant d'averses avaient ruisselé sur cette rue, ces fusains, ces vitres et tant de fois, Lucas Chambeaux en avait goûté le charme, la musique secrète, la sécurité mystérieuse comme d'une cage dont par faveur pour lui, les fluides barreaux eussent été visibles. L'habitude et la douleur, le courage et le travail, une tenace espérance de réussite et, à certains moments désespérés, de bonheur, tels étaient les éléments de cette réclusion imaginaire, de cette retraite au sein de la foule, des affaires, de la vie quotidienne et que symbolisaient pour lui les mouvantes, les éternelles pluies normandes.

Même lorsque sa mère vivait encore, il se réfugiait dans ce bureau qu'aucuns eussent trouvé fort laid encore que de la manière la plus cossue. Mais la notion de l'art s'abolit à la faveur des longues habitudes et de l'absence de comparaisons. D'ailleurs le soin extrême apporté aux choses les embellit, sans parler de la patine dont le souvenir les pare. Cette pièce avait d'abord été pour lui «le bureau de ton père», un temple aux murs tendus de drap olive, aux doubles rideaux à cantonnières de teinte et d'étoffe assorties, et dont il avait vu sa mère toute jeune encore, broder de soies multicolores au point de croix les bandes perforées qui les encadraient. Et puis, avec la mort prématurée du juge au tribunal de commerce, on avait fermé la double porte. Elle ne s'était rouverte que lorsqu'après les années de collège, le volontariat, et l'entrée de Lucas dans les affaires, «le bureau de ton pauvre père» était devenu le sien.

GERMAINE BEAUMONT: *Les Légataires* (1966)

7

8. LA GALERIE ÉTRANGE

On se souvient que l'hôtel contenait une galerie, mi-salle de billard, mi-cabinet de travail, mi-salle à manger. Cette galerie hétéroclite l'était déjà par ce fait qu'elle n'en était pas une et ne menait à rien. Une bande de moquette d'escalier traversait son linoléum sur la droite et s'arrêtait au mur. En entrant, à gauche, on voyait une table de salle à manger sous une espèce de suspension, quelques chaises et des paravents de bois souple qui peuvent prendre la forme qu'on veut. Ces paravents isolaient cette ébauche de salle à manger d'une ébauche de cabinet de travail, canapé, fauteuil de cuir, bibliothèque tournante, planisphère terrestre, groupés sans âme autour d'une autre table, une table d'architecte, sur laquelle une lampe à réflecteur était le seul foyer lumineux du hall.

Après des espaces qui restaient vides malgré des sièges à bascule, un billard étonnant à force de solitude. De place en place, de hautes vitres projetaient au plafond des sentinelles de lumière, un éclairage en contrebas du dehors formant une rampe qui baignait le tout d'un clair de lune théâtral.

On s'attendait à quelque lanterne sourde, quelque fenêtre qui glisse, quelque saut feutré de cambrioleur......

Cette pièce semblait une de ces extraordinaires fautes de calcul d'un architecte découvrant trop tard l'oubli de la cuisine ou de l'escalier.

Michaël avait rebâti la maison; il n'avait pu résoudre le problème de ce cul-de-sac auquel on aboutissait toujours. Mais, chez un Michaël, une faute de calcul était l'apparition de la vie; le moment où la machine s'humanise et cède le pas. Ce point mort d'une maison peu vivante était l'endroit où coûte que coûte s'était réfugiée la vie. Traquée par un style implacable, par une meute de béton et de fer, elle se cachait dans ce coin immense avec l'aspect des princesses déchues qui se sauvent en emportant sur elles n'importe quoi.

On admirait l'hôtel; on disait: «Pas de surcharges. Rien que du rien. Pour un milliardaire, c'est tout de même quelque chose.» Or les personnes éprises de New York et qui eussent dédaigné cette pièce, ne se doutaient pas (pas plus que Michaël) combien elle était américaine.

Mille fois mieux que le fer et le marbre, elle racontait la ville des sectes occultes, des théosophes, le Christian Science, le Ku-Klux-Klan, les testaments qui imposent des épreuves mystérieuses à l'héritière, les clubs funèbres, les tables tournantes, les somnambules d'Edgar Poe.

Ce parloir d'une maison de fous, ce décor idéal pour les personnes défuntes qui se matérialisent et annoncent leur décès à distance, évoquait en outre le goût juif des cathédrales, des nefs, des plate-formes au quarantième ètage où les dames habitent des chapelles gothiques, jouant de l'orgue et brûlant des cierges. Car New York consomme plus de cierges que Lourdes, que Rome, que n'importe quelle ville sainte du monde entier.

Galerie faite pour l'enfance anxieuse lorsqu'elle n'ose traverser certains

8

couloirs, lorsqu'elle se réveille, qu'elle écoute les meubles qui craquent et les boutons de porte qui tournent.

JEAN COCTEAU: *Les Enfants terribles* (1924)

9. UNE PENSION D'ÉTUDIANTS

Vers six heures et demie, David vint frapper à sa porte et le conduisit à la salle à manger où les attendait Mrs. Ferguson. Courte et maigre, elle se tenait très droite comme pour ajouter à sa petite taille, et son corps fragile disparaissait dans une robe de coton bleu marine aux plis fort amples. Des cheveux restés noirs au-delà de la soixantaine encadraient le haut d'un visage dont la peau trop blanche avait des reflets de cire et s'appliquait si étroitement à l'ossature que l'idée d'une tête de mort se présentait aussitôt à l'esprit, image d'autant plus précise que le nez était court et fin et que les pommettes projetaient sur les joues deux petites ombres qui les trouaient; mais au fond des orbites creuses brillaient des yeux d'un éclat à la fois vif et doux, parlant et souriant dans cette face qu'on eût dite frappée d'une immobilité absolue.

Elle tendit à Joseph une main dont l'extrême légèreté le surprit et, d'une voix un peu plus basse qu'on n'eût attendu de la part d'une femme, mais, ferme et nette, elle prononça quelques mots que, dans son trouble, il ne comprit pas. Cependant il s'inclina et prit la place qu'elle lui indiquait d'un geste, puis elle récita une courte prière et ils s'assirent.

La salle était petite, carrée, et la table si longue que pour la contourner aux deux bouts, on frôlait tant soit peu les murs. Une glace ovale surmontée d'un aigle de cuivre se penchait au-dessus d'une cheminée peinte en noir et l'on remarquait, entre les deux fenêtres sans rideaux, le portrait d'un homme qui croisait les bras sur la poitrine dans une attitude pleine d'assurance, et laissait voir de grandes manchettes empesées, d'une blancheur de neige; rose et d'un modelé classique, son visage eût été agréable sans le regard des yeux bleus qui foudroyaient les dîneurs, et, si maladroite que fût cette peinture, elle était pourtant si consciencieuse et si vraie que le redoutable personnage semblait vivre et respirer dans son cadre, tout prêt à agiter ses manchettes et à prononcer quelque parole consternante.

Comme chez Mrs Dare, il y avait sur la table deux flambeaux d'argent, mais ici, les cuillers, bien que de forme plus simple, étaient aussi d'argent et non d'étain. Joseph nota ces détails dont il ne conclut rien, sinon que, chez Mrs. Ferguson, l'austérité s'alliait à une certaine aisance très légèrement ostentatoire. Il n'osait ouvrir la bouche que pour manger et, du reste, était bien résolu à régler sa conduite sur celle de David qui gardait le silence. Entre ces deux garçons dans tout l'éclat de leur jeunesse Mrs Ferguson semblait une figure allégorique tant sa face exsangue et ses épaules étroites contrastaient avec les joues vermeilles de David et la carrure de Joseph, mais

9

aucune de ces personnes ne se doutait de l'effet qu'elles eussent produit à elles trois sur un observateur. Toutefois, la servante qui répondit, après le potage, au coup de sonnette de Mrs Ferguson, tourna immédiatement les yeux vers le nouveau venu et parut incapable de les en détacher. C'était une jeune négresse dont le visage luisant avait des tons d'acajou, et ses prunelles agrandies par l'étonnement glissaient de droite à gauche à mesure qu'elle se déplaçait autour de la table. D'un ton rapide, Mrs Ferguson lui ordonna de poser son plat et de quitter la pièce, puis elle engagea une conversation prudente avec ses pensionnaires.

JULIEN GREEN: *Moïra* (1950)

10. SWANN ET LES FEMMES

Il n'était pas comme tant de gens qui, par paresse, ou sentiment résigné de l'obligation que crée la grandeur sociale de rester attaché à un certain rivage, s'abstiennent des plaisirs que la réalité leur présente en dehors de la position mondaine où ils vivent cantonnés jusqu'à leur mort, se contentant de finir par appeler plaisirs, faute de mieux, une fois qu'il sont parvenus à s'y habituer, les divertissements médiocres ou les insupportables ennuis qu'elle renferme. Swann, lui, ne cherchait pas à trouver jolies les femmes avec qui il passait son temps, mais à passer son temps avec les femmes qu'il avait d'abord trouvées jolies. Et c'étaient souvent des femmes de beauté assez vulgaire, car les qualités physiques qu'il recherchait sans s'en rendre compte étaient en complète opposition avec celles qui lui rendaient admirables les femmes sculptées ou peintes par les maîtres qu'il préférait. La profondeur, la mélancolie de l'expression, glaçaient les sens que suffisait au contraire à éveiller une chair saine, plantureuse et rose.

Si en voyage il rencontrait une famille qu'il eût été plus élégant de ne pas chercher à connaître, mais dans laquelle une femme se présentait à ses yeux parée d'un charme qu'il n'avait pas encore connu, rester dans son «quant à soi» et tromper le désir qu'elle avait fait naître, substituer un plaisir différent au plaisir qu'il eût pu connaître avec elle, en écrivant à une ancienne maîtresse, de venir la rejoindre, lui eût semblé une aussi lâche abdication devant la vie, un aussi stupide renoncement à un bonheur nouveau, que si au lieu de visiter le pays, il s'était confiné dans sa chambre en regardant des vues de Paris. Il ne s'enfermait pas dans l'édifice de ses relations, mais en avait fait, pour pouvoir le reconstruire à pied d'oeuvre sur de nouveaux frais partout où une femme lui avait plu, une de ces tentes démontables comme les explorateurs en emportent avec eux. Pour ce qui n'en était pas transportable ou échangeable contre un plaisir nouveau, il l'eût donné pour rien, si enviable que cela parût à d'autres. Que de fois son crédit auprès d'une duchesse, fait du plaisir accumulé depuis des années que celle-ci avait eu de lui être agréable sans en avoir trouvé l'occasion, il s'en était défait d'un seul coup en réclamant d'elle par une indiscrète dépêche une recommandation télégraphique qui le mît en relation sur l'heure avec un de ses intendants dont il avait remarqué la fille à la campagne, comme ferait un affamé qui troquerait un diamant contre un morceau de pain. Même après coup, il s'en amusait, car il y avait en lui, rachetée par de rares délicatesses, une certaine muflerie. Puis, il appartenait à cette catégorie d'hommes intelligents qui ont vécu dans l'oisiveté et qui cherchent une consolation et peut-être une excuse dans l'idée que cette oisiveté offre à leur intelligence des objets aussi dignes d'intérêt que pourrait faire l'art ou l'étude, que la «Vie» contient des situations plus intéressantes, plus romanesques que tous les romans.

MARCEL PROUST: *Un Amour de Swann* (1919)

11. MONSIEUR ÉLIE DE COËTQUIDAN

Ce soir froid de février 1924, sur les sept heures, un homme paraissant la soixantaine bien sonnée, avec une barbe inculte et d'un gris douteux, était planté sur une patte devant une boutique de la rue de la Glacière, non loin du boulevard Arago, et lisait le journal à la lumière de la devanture, en s'aidant d'une grande loupe rectangulaire de philatéliste. Il était vêtu d'une houppelande noire usagée, qui lui descendait jusqu'à mi-jambes, et coiffé d'une casquette sombre, du modèle des casquettes mises en vente vers 1885: avec une sous-mentonnière à deux ailes, actuellement relevées de chaque côté sur le dessus. Quelqu'un qui l'aurait examiné de près aurait vu que chaque détail de son accoutrement était «comme de personne». Sa casquette était démodée de trente ans; sa houppelande était retenue, au col, par deux épingles de nourrice accrochées l'une à l'autre et formant chaînette; le col tenant de sa chemise blanche empesée était effrangé comme de la dentelle, mettant à nu le tissu intérieur, et sa cravate était moins une cravate qu'une corde vaguement recouverte de place en place d'une étoffe noire passée; son pantalon flottant descendait bien de quinze centimètres plus bas que ce que les tailleurs appellent «la fourche»; le lacet d'une de ses bottines (des bottines énormes) était un bout de ficelle qu'on avait eu *l'intention* de peindre en noire avec de l'encre.

S'il avait poussé plus loin son indiscrétion, l'observateur aurait remarqué que c'était de même une forte ficelle qui tenait lieu de toute ceinture à notre personnage, et que celui-ci ne portait pas de caleçon. Ses vêtements, à l'intérieur, étaient tout bardés d'épingles de nourrice, comme ceux d'un Arabe. Il avait à chaque pied deux chaussettes de laines superposées (d'où sans doute la largeur des godillots). Retournant les poches, voici ce que l'observateur y eût trouvé de remarquable: un vieux croûton de pain, deux morceaux de sucre, un mélange sordide de brins de tabac noir et de miettes solidifiées de vieille mie de pain, et une montre en or massif, qui l'eût arrêté. C'était une montre ancienne, plate, respirant par toute sa personne

11

la beauté de la chose coûteuse et parfaite; le boîtier en était littéralement recouvert par le pataras que faisait un blason très historié (lion, flammes, toute la boutique) et couronné d'une couronne de baron. Enfin, finissant sa visite par le portefeuille (un portefeuille en loques, et, à l'emplacement du crayon, sans crayon), l'observateur y eût rencontré d'un côté une centaine de francs, de l'autre une carte de réclame de la maison «Jenny, fards de théâtre, etc.», et trois cartes de visite qui devaient bien être là depuis dix ans, car elles étaient jaunies au point d'en être devenues presque brunes sur leurs bords. Elles portaient, vulgairement imprimée, la suscription: *Elie de Coëtquidan, 11, rue de Lisbonne.* Et, par une singularité qui ne se voit plus qu'en province et encore, peut-être, seulement en Bretagne, la suscription était surmontée d'une couronne de baron.

HENRY DE MONTHERLANT: *Les Célibataires* (1934)

12. EXAMEN DE CONSCIENCE D'UNE PHARISIENNE

Brigitte Pian n'était pas encore dans la rue que déjà elle tournait contre elle-même un reste de rage. Comment avait-elle pu manquer à ce point de maîtrise et que penseraient les Puybaraud? Ils ne voyaient pas comme elle sa perfection par le dedans: ils n'en mesuraient ni la hauteur, ni la largeur, ni la profondeur. Ils allaient en juger sur ce mouvement de bile, dont à vrai dire elle avait honte. Qu'est-ce que la nature de l'homme, songeait-elle, en remontant la rue du Mirail vers le cours Victor-Hugo, pour qu'après toute une vie usée à la conquête de soi-même, et lorsqu'on est en droit de se croire exempt des faiblesses qui font horreur chez les autres, il suffise de la vue d'un piano pour vous jeter hors des gonds?

Qu'une maille sautât parfois à ce tissu de perfection auquel Brigitte Pian travaillait avec une vigilance de toutes les secondes, c'était dans l'ordre, et elle s'en consolait pourvu que ce fût sans témoin. Mais les Puybaraud, Octavie surtout, étaient les derniers devant qui elle eût consenti volontiers à montrer quelque faiblesse. «Ils vont me prendre pour une commençante,» se disait Brigitte, qui progressait dans la vie spirituelle comme elle eût fait dans l'étude d'une langue étrangère. Elle enrageait à l'idée que les Puybaraud ne se faisaient aucune idée de son ascension depuis quelques mois, et que sur l'apparence d'un mouvement d'humeur ils la classeraient parmi les dévotes de l'espèce la plus commune. Jusqu'à quel échelon Brigitte Pian s'était élevée, il n'appartenait pas à son humilité de le connaître avec précision. Mais elle aurait volontiers remonté l'escalier des Puybaraud pour leur rappeler que de grands saints ont cédé parfois à la colère. Etait-elle une sainte? Elle s'y efforçait en pleine conscience et, à chaque pas en avant, défendait contre toute contestation le terrain conquis. Il ne s'était rencontré personne pour lui apprendre qu'un homme, à mesure qu'il fraie sa route vers la sainteté, découvre un peu plus sa misère et son néant et

12

rapporte à Dieu seul, non par dévotion mais parce qu'il cède à une évidence, les quelques bons moments que la Grâce lui inspire. Brigitte Pian suivait le chemin inverse, renforçant de jour en jour les raisons qu'elle avait de remercier le Créateur qui l'avait fait créature si admirable. Autrefois elle avait été troublée de la sécheresse dont furent toujours marqués ses rapports avec Dieu. Mais elle avait lu, depuis, que ce sont le plus souvent les débutants dont Dieu aide les premiers pas hors du bourbier, en les inondant de grâces sensibles, et que l'insensibilité qui l'affligeait était le signe qu'elle avait dépassé depuis longtemps les basses régions d'une ferveur suspecte. Ainsi cette âme frigide se glorifiait-elle de sa frigidité, sans faire réflexion qu'à aucun moment, fût-ce même à ses débuts dans la recherche de la vie parfaite, elle n'avait rien ressenti qui ressemblât à de l'amour et qu'elle n'approchait jamais son Maître que pour le prendre à témoin de son avancement rapide et de ses mérites singuliers.

   FRANÇOIS MAURIAC: *La Pharisienne* (1941)

13. UNE VISITE INATTENDUE

De même que c'est toujours le matin où le grand romancier a décidé après deux années perdues de commencer un roman, que monte lui faire visite un camarade de collège dont l'ambition est de questionner en détail sur ses goûts un romancier et d'apprendre de lui s'il a aimé; de même que le poète installé à l'aube dans la prairie voit son poème intérieur sapé par le bruit des lavoirs, qu'il décrète en vain applaudissements de l'horizon; de même que c'est le jour où le méchant a juré d'être bon que ses créanciers, avertis par des impondérables, précipitent sur lui leurs encaisseurs, dont il arrive, de rage, à tuer le dernier; – tout au contraire, moi qui avais décidé d'être ce matin-là sans beauté, lâche et paresseux, je fus comblé en ouvrant ma fenêtre. Le ciel était bleu, à part trois ou quatre nuages ronds qui tournaient à la manière du soleil. Il faisait éclatant; de la neige, séparés comme des grains de riz à l'indienne, chacun des cristaux étincelait à son compte, et tous les humains qui ont un voeu de gymnastique suédoise à leur lever s'en acquittaient, pour la première fois de leur vie, sans rechiquer contre la Suède.

  J'achevais ma courte vie nue de la journée, quand un gaillard entra, s'inclina devant moi jusqu'à la terre – c'était la première fois que j'étais adoré sans voile – et poussa le cri que deux ou trois millions d'Allemands rugissent en se présentant...

  – Meyer!

  J'affectai d'entendre ce nom pour la première fois, et il le fit alors précéder d'un correctif qui réduisit à deux ou trois cent mille le nombre de ses possesseurs.

  – Doktor Meyer!

Enfin d'autres explications me révélèrent que l'Université de Munich avait organisé les étudiants pauvres ou bénévoles en une association de guides, chargés de diriger les visiteurs étrangers en Bavière. Le Doktor Meyer avait reçu l'ordre de se présenter chez moi, et se plaçait à ma disposition pour l'un des trois itinéraires.

JEAN GIRAUDOUX: *Siegfried et le Limousin* (1922)

14. RÊVERIE D'UN PATRON DE PALANGRIER

Debout, seul, sur le panneau de la cale, face à la lancée du navire, René Lharidon leva le bras droit. Il désignait le nord-ouest, où un lopin de friselis bleu-blanc se balançait à la surface barbelée de la mer comme un goémon d'épaves.

Allons, c'en était fini une fois de plus des ruelles, des maisons, des racontars. Au large, on était au large, entre les poissons, le ciel et la mer...

L'homme, dans sa cabine dont il avait ouvert les portes et baissé les vitres, gratta simplement sa casquette: il était le patron, il était Jean Modénou. Il jeta un coup d'oeil au sud. Ce qui se passait dans le noroît, il l'avait déjà vu et dans le sud aussi apparaissaient les gros frissons. Des bancs de sardines, peut-être pour la dernière fois de l'année, montaient, montaient caresser l'air...

Il entrouvrit la porte de tribord et, se penchant, cracha pardessus le bastingage, le plus loin possible. Il n'était pas venu ici, avec son malamock long de seize mètres et son diesel, à deux cents milles des côtes bretonnes, pour pêcher quelques sardines et il était le premier à savoir, puisqu'il était le patron, qu'il grouillait ici bien d'autres espèces que des sardines! Dans toutes les aires du vent, sous toutes les ondulations grises qui se prolongeaient sans rupture comme des chemins de taupes, l'eau secrète palpitait à l'infini de foncées, de sauts, de tournoiements. Une fois de plus et comme d'habitude la vie était là. Les bêtes ne désertaient pas leur patrie: aux avancées de l'Océan, la mer Celtique, depuis le sud de l'Irlande jusqu'au large de la Bretagne, leur servait de bois sacré...

Et maintenant, avant la sonde, et beaucoup plus agile qu'elle, l'imagination de l'homme qui tenait la barre piquait dans la profondeur, où elle draguait au loin sur les sables, les galets et les coquilles. Elle voyait les congres se catapulter sur les pieuvres, les pocheteaux — ces énormes raies — renverser de grosses pierres, les étoiles de mer étreindre et vider les spatangues, dont elles ne laissaient sur le fond que les piteux débris de leurs carcasses.

Oui. Naturellement oui. Mais le patron songeait qu'il était le patron et il secoua les épaules pour les dégager de ces fardeaux terribles: un bateau, un équipage. Comme s'il n'avait pas assez de ses difficultés à lui, des difficultés de son pauvre coeur humain très misérable, il fallait que lui

14

patron fît indéfiniment sortir de la mer, unité de poisson après unité de poisson, des tonnes et des tonnes de bêtes. Malgré une magistrale expérience, l'inconnu de la pêche le faisait brusquement aussi novice à ses propres yeux qu'un prestidigitateur de quinze ans. Il n'y avait que lui sur ce bord, lui parmi dix-neuf hommes, à peu près également doués de vigueur, pour déterminer la route! Lui seul décidait le cap...

HENRI QUEFFÉLEC: *Un Royaume sous la mer* (1957)

15. LA JEUNE FEMME ET LA CHATTE

Un soir de juillet qu'elles attendaient toutes deux le retour d'Alain, Camille et la chatte se reposèrent au même parapet, la chatte couchée sur ses coudes, Camille appuyée sur ses bras croisés. Camille n'aimait pas ce balcon-terrasse réservé à la chatte, limité par deux cloisons de maçonnerie, qui le gardaient du vent et de toute communication avec la terrasse de proue.

Elles échangèrent un coup d'oeil de pure investigation, et Camille n'adressa pas la parole à Saha. Accoudée, elle se pencha comme pour compter les étages de stores orange largués de haut en bas de la vertigineuse façade, et frôla la chatte qui se leva pour lui faire place, s'étira, et se recoucha un peu plus loin.

Dès que Camille était seule, elle ressemblait beaucoup à la petite fille qui ne voulait pas dire bonjour, et son visage retournait à l'enfance par l'expression de naïveté inhumaine, d'angélique dureté qui ennoblit les visages enfantins. Elle promenait sur Paris, sur le ciel où chaque jour la lumière se retirait plus tôt, un regard impartialement sévère qui peut-être ne blâmait rien. Elle bâilla nerveusement, se redressa et fit quelques pas distraits, se pencha de nouveau, en obligeant la chatte à sauter par terre. Saha s'éloigna avec dignité et préféra rentrer dans la chambre. Mais la porte de l'hypoténuse avait été refermée, et Saha s'assit patiemment. Un instant après, elle devait céder le passage à Camille, qui se mit en marche d'une cloison à l'autre, à pas brusques et longs, et la chatte sauta sur le parapet. Comme par jeu, Camille la délogea en s'accoudant, et Saha, de nouveau, se gara contre la porte fermée.

L'oeil au loin, immobile, Camille lui tournait le dos. Pourtant la chatte regardait le dos de Camille, et son souffle s'accélérait. Elle se leva, tourna deux ou trois fois sur elle-même, interrogea la porte close... Camille n'avait pas bougé. Saha gonfla les narines, montra une angoisse qui ressemblait à la nausée, un miaulement long, désolé, réponse misérable à un dessein imminent et muet, lui échappa, et Camille fit volte-face.

Elle était un peu pâle, c'est-à-dire que son fard évident dessinait sur ses joues deux lunes ovales. Elle affectait l'air distrait, comme elle l'eût fait sous un regard humain. Même elle commença un chantonnement à bouche fermée, et reprit sa promenade de l'une à l'autre cloison, sur le rythme de

15

son chant, mais la voix lui manqua. Elle contraignit la chatte, que son pied allait meurtrir, à regagner d'un saut son étroit observatoire, puis à se coller contre la porte.

Saha s'était reprise, et fût morte plutôt que de jeter un second cri. Traquant la chatte sans paraître la voir, Camille alla, vint, dans un complet silence. Saha ne sautait sur le parapet que lorsque les pieds de Camille arrivaient sur elle, et elle ne retrouvait le sol du balcon que pour éviter le bras tendu qui l'eût précipitée du haut des neuf étages.

Elle fuyait avec méthode, bondissait soigneusement, tenait ses yeux fixés sur l'adversaire, et ne condescendait ni à la fureur, ni à la supplication. L'émotion extrême, la crainte de mourir, mouillèrent de sueur la sensible plante de se pattes, qui marquèrent des empreintes de fleurs sur le balcon stucqué.

Camille sembla faiblir la première, et disperser sa force criminelle. Elle commit la faute de remarquer que le soleil s'éteignait, donna un coup d'oeil à son bracelet-montre, prêta l'oreille à un tintement de cristaux dans l'appartement. Quelques instants encore et sa résolution, en l'abandonnant comme le sommeil quitte le somnambule, la laisserait innocente et épuisée... Saha sentit chanceler la fermeté de son ennemie, hésita sur le parapet, et Camille, tendant les deux bras, la poussa dans le vide.

COLETTE: *La Chatte* (1933)

16. UN AVIATEUR SE PROMÈNE EN VILLE

Rivière était sorti pour marcher un peu et tromper le malaise qui le reprenait, et lui, qui ne vivait que pour l'action, une action dramatique, sentait bizarrement le drame se déplacer, devenir personnel. Il pensa qu'autour de leur kiosque à musique les petits bourgeois des petites villes vivaient une vie d'apparence silencieuse, mais quelquefois lourde aussi de drames: la maladie, l'amour, les deuils, et que peut-être... Son propre mal lui enseignait beaucoup de choses: «Cela ouvre certaines fenêtres», pensait-il.

Puis, vers onze heures du soir, respirant mieux, il s'achemina dans la direction du bureau. Il divisait lentement, des épaules, la foule qui stagnait devant la bouche des cinémas. Il leva les yeux vers les étoiles, qui luisaient sur la route étroite, presque effacées par les affiches lumineuses, et pensa: «Ce soir avec mes deux courriers en vol, je suis responsable d'un ciel entier. Cette étoile est un signe, qui me cherche dans cette foule, et qui me trouve: c'est pourquoi je me sens un peu étranger, un peu solitaire.»

Une phrase musicale lui revint: quelques notes d'une sonate qu'il écoutait hier avec des amis. Ses amis n'avaient pas compris: «Cet art-là nous ennuie et vous ennuie, seulement vous ne l'avouez pas.»

«Peut-être...» avait-il répondu.

Il s'était, comme ce soir, senti solitaire, mais bien vite avait découvert la

16

richesse d'une telle solitude. Le message de cette musique venait à lui, à lui seul parmi les médiocres, avec la douceur d'un secret. Ainsi le signe de l'étoile. On lui parlait, par-dessus tant d'épaules, un langage qu'il entendait seul.

Sur le trottoir on le bousculait; il pensa encore: «Je ne me fâcherais pas. Je suis semblable au père d'un enfant malade, qui marche dans la foule à petits pas. Il porte en lui le grand silence de sa maison.»

Il leva les yeux sur les hommes. Il cherchait à reconnaître ceux d'entre eux qui promenaient à petits pas leur invention ou leur amour, et il songeait à l'isolement des gardiens de phares.

Le silence des bureaux lui plut. Il les traversa lentement, l'un après l'autre, et son pas sonnait seul. Les machines à écrire dormaient sous les housses. Sur les dossiers en ordre les grandes armoires étaient fermées. Dix années d'expérience et de travail. L'idée lui vint qu'il visitait les caves d'une banque; là où pèsent les richesses. Il pensait que chacun de ces registres accumulait mieux que de l'or: une force vivante. Une force vivante mais endormie, comme l'or des banques.

Quelque part il rencontrerait l'unique secrétaire de veille. Un homme travaillait quelque part pour que la vie soit continue, pour que la volonté soit continue, et ainsi, d'escale en escale, pour que jamais, de Toulouse à Buenos Aires, ne se rompe la chaîne.

«Cet homme-là ne sait pas sa grandeur.»

Les courriers quelque part luttaient. Le vol de nuit durait comme une maladie: il fallait veiller. Il fallait assister ces hommes qui, des mains et des genoux, poitrine contre poitrine, affrontaient l'ombre, et qui ne connaissaient plus, ne connaissaient plus rien que des choses mouvantes, invisibles, dont il fallait, à la force des bras aveugles, se tirer comme d'une mer. Quels aveux terribles quelquefois: «J'ai éclairé mes mains pour les voir.» Velours des mains révélé seul dans ce bain rouge de photographe. Ce qu'il reste du monde, et qu'il faut sauver.

ANTOINE DE SAINT-EXUPÉRY: *Vol de Nuit* (1931)

17. VERDUN

Le sous-bois ressemblait à la superposition d'une tornade dans un pays de sable, d'un incendie de forêt, et d'une explosion de poudrière. L'air était épaissi par la poussière, les projections de terre, la fumée. Là-dedans, des branches cassées, des morceaux d'écorce, des aiguilles de pin, des pierres, des éclats de fonte, secoués en tous sens comme des souillures dans de l'eau trouble. Il y avait peut-être encore de la neige; mais on ne la reconnaissait plus. Elle se confondait avec la poussière. Elle n'était qu'une sorte de poussière de plâtre, versée avec le reste dans le tourbillon. Au delà de cinquante mètres, on ne voyait rien. L'horizon visible était happé par la gueule d'un horizon rugissant.

17

«Nous autres» dit le commandant, «nous n'allons pas rester comme ça.
Nous avons des outils. Nous allons creuser le bout de la sape jusqu'à l'air
libre, en nous relayant. Je suis sûr qu'il ne reste pas plus de deux mètres
d'épaisseur de terre. Nous aurons vue sur le ravin et sur les lignes boches,
comme c'était indiqué dans le plan de l'ouvrage. J'aime mieux remuer que
de me morfondre. Nous aurons même le plaisir, si nous finissons à temps,
de pouvoir les canarder par notre meurtrière quand ils attaqueront.»

Sur tout le front, du Bois d'Haumont à l'Herbebois, en passant par le
Bois des Caures et le Bois de Ville, et sur une épaisseur de plusieurs kilomètres, il régnait la même danse de poussière, de fumée, de débris, fouettée
par un orchestre tonitruant. Là-dessous, des milliers d'hommes, par petits
paquets de deux, de trois, de dix, quelquefois de vingt, courbaient le dos,
l'un contre l'autre, au fond de trous dont la plupart n'étaient que des
égratignures du sol, dont bien peu méritaient le nom d'abris. Ils
écoutaient la terre se fendre sous le choc des obus, s'éventrer tout
autour d'eux. Ils respiraient par les fissures de leurs gîtes l'odeur de la
catastrophe, qui était une odeur de planète calcinée. Ils n'avaient
individuellement à peu près aucune espérance de survivre; sauf
quelques enragés qui s'obstinaient à croire en leur bonne étoile, et qui
étaient hommes à mourir juste un peu avant d'avouer que «ça y était».
Les autres se demandaient si le prochain obus, ou plutôt l'un des
douze prochains, car on ne les comptait plus qu'à la douzaine, ne leur
rendrait pas service en les débarrassant de leur angoisse, puisque tôt ou
tard, mais sûrement avant la nuit, ils étaient sûrs d'y passer.

Quand aux artilleurs, même lorsqu'ils recevaient des ordres — et pour
diverses raisons ils en recevaient peu — ils ne savaient sur quoi tirer. Ils
avaient devant eux cette zone de tornade, complètement opaque; et de
ce qui pouvait se passer dedans, ils ne savaient à peu près rien. Les
Allemands avaient peut-être déjà attaqué; avaient peut-être déjà pris pied
dans le bois. Comment les artilleurs l'auraient-ils deviné? C'était leur
demander de frapper au petit bonheur à travers les volutes rousses et
blanches d'une forêt en feu.

JULES ROMAINS: *Verdun (Les Hommes de bonne volonté*,
Vol. XVI, 1938*)*

18. RÉUNION DE PARTISANS POLONAIS

En décembre, la nouvelle se répandit dans la forêt qu'une réunion de
toutes les armées «vertes» de la région de Wilejka devait avoir lieu la
nuit de Noël. Machorka allait de tanière en tanière, une carte à la main,
appuyant son doigt énorme sur le lieu du rendezvous, marqué d'une
croix, et la rumeur s'éleva selon laquelle le Partisan Nadejda allait être
présent à la réunion et qu'il allait parler à ceux qui lui obéissaient depuis
si longtemps, avec tant de courage et tant de fidélité.

Ils sortirent de leurs trous et glissèrent comme des ombres à travers la forêt silencieuse que la neige recouvrait. Le froid était mordant et sec, l'air immobile; le vent qui la veille encore avait soufflé de l'est, avait fini par s'épuiser, comme tant d'autres envahisseurs, dans les grands espaces enneigés; pas un frisson ne parcourait les sapins aux bras blancs; il semblait à Janek que les étoiles étaient tombées du ciel, qu'elles gisaient à ses pieds dans chaque particule de glace, et qu'il n'y avait qu'à se pencher pour les ramasser.

Du Nord vint le partisan Olesia, un jeune maître d'école qui comptait à son actif plus de vingt ennemis tués à la main: il n'avait pas d'égal dans l'art d'égorger un sentinelle sans que nul cri s'élevât; et le père Burak, l'ancien aumônier de la garnison polonaise sur la mer Baltique que se battait encore quinze jours après que le dernier canon polonais se fut tu sur le reste du front. C'était un homme carré, lourd, aux poings puissants et à l'oeil dur et précis; il pouvait lancer une grenade à cinquante mètres et la placer à l'intérieur d'un chapeau.

De l'Est vint Kublaj, prix Nobel de chimie, connu dans le monde entier par ses travaux; il était chargé d'empoisonner l'eau que buvait l'envahisseur, les aliments qu'il mangeait, et jusqu'à l'air qu'il respirait: ce fut lui qui avait placé dans les cheminées de l'Etat-Major de la Gestapo à Wilno des tablettes de cyanure dont les effluves tuèrent son chef, le bourreau des Polonais, Hans Selda, et douze de ses hommes.

De l'Ouest vint l'ancien champion de lutte Puciata, jadis haï par le public à cause de ses traîtrises sur le ring, rival des célèbres lutteurs polonais Sztekker et Pinecki; il avait été longtemps connu pour son penchant pour les coups interdits, les prises traîtresses, son répertoire de ruses prohibées, et, à présent, dans un ring bien différent, et où il ne s'agissait pourtant plus de jouer la comédie, il se surpassait dans le même rôle.

Du Sud vint le détachement de Czerw, à présent commandé par Krylenko, et les détachements de Dobranski et de Michajko. Il y avait là bien d'autres chefs partisans avec leurs hommes, jeunes et vieux, déjà célèbres ou encore peu connus, et qui se voyaient pour la première fois.

Certains venaient en ski, d'autres chaussés de raquettes; d'autres, enfin, marchaient péniblement dans la neige, s'enfonçant parfois jusqu'aux genoux. Ils venaient de tous les côtés de la forêt de la Wilejka, et, autour d'eux, les sapins ouvraient leurs branches enneigées où étincelaient les étoiles et, dans cette nuit silencieuse de Noël, il semblait parfois à Janek que la forêt entière allait soudain se mettre à marcher vers une étable lointaine, les bras chargés de présents.

Lorsqu'ils furent près du lieu du rendez-vous, une lueur diffuse et étrange commença à poindre dans la nuit. Pendant une dizaine de minutes encore, marchant dans sa direction, Janek se demanda quel était cet astre nouveau qui gisait dans le ciel si près de la terre, et, lorsqu'ils débouchèrent enfin sur la clairière, il vit que cette lumière venait d'un sapin dont les branches

étaient couvertes de bougies allumées; une centaine de partisans étaient
déjà réunis en cercle autour de çe vivant arbre de Noël.

ROMAIN GARY: *Éducation européenne* (1943)

19. PROMENADE NOCTURNE D'UN CONSPIRATEUR À SHANGHAÏ

Des nuages très bas lourdement massés, arrachés par places, ne laissaient
plus paraître les dernières étoiles que dans la profondeur de leurs
déchirures. Cette vie des nuages animait l'obscurité, tantôt plus légère et
tantôt intense, comme si d'immenses ombres fussent venues parfois ap-
profondir la nuit. Katow et Kyo portaient les chaussures de sport à
semelles de crêpe, et n'entendaient leurs pas que lorsqu'ils glissaient sur
la boue; du côté des concessions — l'ennemi — , une lueur bordait les
toits. Lentement empli du long cri d'une sirène, le vent qui apportait
la rumeur presque éteinte de la ville en état de siège et le sifflet des
vedettes qui rejoignaient les bateaux de guerre, passa sur les ampoules
misérables allumées au fond des impasses et des ruelles; autour d'elles,
des murs en décomposition sortaient de l'ombre déserte, révélés avec
toutes leurs taches par cette lumière que rien ne faisait vaciller et d'où
semblait émaner une sordide éternité. Caché par ces murs, un demi-
million d'hommes: ceux des filatures, ceux qui travaillaient seize heures
par jour depuis l'enfance, le peuple de l'ulcère, de la scoliose, de la
famine. Les verres qui protégeaient les ampoules se brouillèrent et, en
quelques minutes, la grande pluie de Chine, furieuse, précipitée, prit pos-
session de la ville.

«Un bon quartier», pensa Kyo. Depuis plus d'un mois que, de
comité en comité, il préparait l'insurrection, il avait cessé de voir les
rues: il ne marchait plus dans la boue, mais sur un plan. Le grattement
des millions de petites vies quotidiennes disparaissait, écrasé par une
autre vie. Les concessions, les quartiers riches, avec leurs grilles lavées par
la pluie à l'extrémité des rues, n'existait plus que comme des menaces,
des barrières, de longs murs de prison sans fenêtres; ces quartiers atroces,
au contraire — ceux où les troupes de choc étaient le plus nombreuses —,
palpitaient du frémissement d'une multitude à l'affût. Au tournant d'une
ruelle, son regard tout à coup s'engouffra dans la profondeur les lumières
d'une large rue; bien que voilée par la pluie battante, elle conservait dans
son esprit sa perspective, car il faudrait l'attaquer contre des fusils, des
mitrailleuses, qui tireraient de toute sa profondeur. Après l'échec des
émeutes de février, le comité central du parti communiste chinois avait
chargé Kyo de la coordination des forces insurrectionnelles. Dans chacune
de ces rues silencieuses où le profil des maisons disparaissait sous
l'averse à l'odeur de fumée, le nombre des militants avait été doublé. Kyo
avait demandé qu'on le portât de 2 000 à 5 000, la direction militaire y

était parvenue dans le mois. Mais ils ne possédaient pas deux cents fusils (Et il y avait trois cents revolvers à crosse, sur ce *Shan-Tung* qui dormait d'un oeil au milieu du fleuve clapotant.) Kyo avait organisé cent quatre-vingt-douze groupes de combat de vingt-cinq hommes environ, dont les chefs seuls étaient armés... Il examina au passage un garage populaire plein de vieux camions transformés en autobus. Tous les garages étaient «notés». La direction militaire avait constitué un état-major, l'assemblée du parti avait élu un comité central; dès le début de l'insurrection, il faudrait les maintenir en contact avec les groupes de choc. Kyo avait créé un détachement de liaison de cent vingt cyclistes; aux premiers coups de feu, huit groupes devaient occuper les garages, s'emparer des autos. Les chefs de ces groupes avaient déjà visité les garages. Chacun des autres chefs, depuis dix jours, étudiait le quartier où il devait combattre. Combien de visiteurs, aujourd'hui même, avaient pénétré dans les bâtiments principaux, demandé à voir un ami que nul n'y connaissait, causé, offert le thé, avant de s'en aller? Combien d'ouvriers, malgré l'averse battante, réparaient des toits? Toutes les positions de quelque valeur pour le combat de rues étaient reconnues, les meilleures positions de tir, notées sur les plans, à la permanence des groupes de choc. Ce que Kyo savait de la vie souterraine de l'insurrection nourrissait ce qu'il en ignorait; quelque chose qui le dépassait infiniment venait des grandes ailes déchiquetés de Tchapéï et de Pootung, couvertes d'usines et de misère, pour faire éclater les énormes ganglions du centre; une invisible foule animait cette nuit de jugement dernier.

ANDRÉ MALRAUX: *La Condition humaine* (1933)

20. CONSÉQUENCES DE LA PESTE

Nos concitoyens s'étaient mis au pas, ils s'étaient adaptés, comme on dit, parce qu'il n'y avait pas moyen de faire autrement. Ils avaient encore, naturellement, l'attitude du malheur et de la souffrance, mais ils n'en ressentaient plus la pointe. Du reste, le docteur Rieux, par exemple, considérait que, justement, c'était cela le malheur, et que l'habitude du désespoir est pire que le désespoir lui-même. Auparavant, les séparés n'étaient pas réellement malheureux, il y avait dans leur souffrance une illumination, qui venait de s'éteindre. A présent, on les voyait au coin des rues, dans les cafés ou chez leurs amis, placides ou distraits, et l'oeil si ennuyé que, grâce à eux, toute la ville ressemblait à une salle d'attente. Pour ceux qui avaient un métier, ils le faisaient à l'allure même de la peste, méticuleusement et sans éclat. Tout le monde était modeste. Pour la première fois, les séparés n'avaient pas de répugnance à parler de l'absent, à prendre le langage de tous, à examiner leur séparation sous le même angle que les statistiques de l'épidémie. Alors que, jusque-là, ils avaient soustrait farouche-

21

ment leur souffrance au malheur collectif, ils acceptaient maintenant la confusion. Sans mémoire et sans espoir, ils s'installaient dans le présent. A la vérité, tout leur devenait présent. Il faut bien le dire, la peste avait enlevé à tous le pouvoir de l'amour et même de l'amitié. Car l'amour demande un peu d'avenir, et il n'y avait plus pour nous que des instants.

Bien entendu, rien de tout cela n'était absolu. Car s'il est vrai que tous les séparés en vinrent à cet état, il est juste d'ajouter qu'ils n'y arrivèrent pas tous en même temps et qu'aussi bien, une fois installés dans cette nouvelle attitude, des éclairs, des retours, de brusques lucidités ramenaient les patients à une sensibilité plus jeune et plus douloureuse. Il y fallait ces moments de distraction où ils formaient quelque projet qui impliquait que la peste eût cessé. Il fallait qu'ils ressentissent inopinément, et par l'effet de quelque grâce, la morsure d'une jalousie sans objet. D'autres trouvaient aussi des renaissances soudaines, sortaient de leur stupeur certains jours de la semaine, le dimanche naturellement et le samedi après-midi, parce que ces jours-là étaient consacrés à certaines rites, du temps de l'absent. Ou bien encore, une certaine mélancolie qui les prenait à la fin des journées leur donnait l'avertissement, pas toujours confirmé d'ailleurs, que la mémoire allait leur revenir. Cette heure du soir, qui pour les croyants est celle de l'examen de la conscience, cette heure est dure pour le prisonnier ou l'exilé qui n'ont à examiner que du vide. Elle les tenait suspendus un moment, puis ils retournaient à l'atonie, ils s'enfermaient dans la peste.

On a déjà compris que cela consistait à renoncer à ce qu'ils avaient de plus personnel. Alors que dans les premiers temps de la peste, ils étaient frappés par la somme de petites choses qui comptaient beaucoup pour eux, sans avoir aucune existence pour les autres, et ils faisaient ainsi l'expérience de la vie personnelle, maintenant, au contraire, ils ne s'intéressaient qu'à ce qui intéressait les autres, ils n'avaient plus que des idées générales et leur amour même avait pris pour eux la figure la plus abstraite. Ils étaient à ce point abandonnés à la peste qu'il leur arrivait parfois de n'espérer plus qu'en son sommeil et de se surprendre à penser: «Les bubons, et qu'on en finisse!» Mais ils dormaient déjà, en vérité, et tout ce temps ne fut qu'un long sommeil. La ville était peuplée de dormeurs éveillés qui n'échappaient réellement à leur sort que ces rares fois où, dans la nuit, leur blessure apparemment fermée se rouvrait brusquement. Et réveillés en sursaut, ils en tâtaient alors, avec une sorte de distraction, les lèvres irritées, retrouvant en un éclair leur souffrance, soudain rajeunie, et, avec elle, le visage bouleversé de leur amour. Au matin, ils revenaient au fléau, c'est-à-dire à la routine.

ALBERT CAMUS: *La Peste* (1947)

21. VOYAGE EN ITALIE

Mes études se firent très convenablement au gymnase de Wismar, puis à l'université de Rostock. J'étais d'un naturel assez farouche, qui tenait peut-être à une santé délicate. Le médecin de ma famille me fit le plaisir de me croire beaucoup plus faible que je n'étais. Il me déclara perdu, si je demeurais dans nos provinces. On jugea qu'un long séjour en Italie me serait favorable, et mon beau-père, qui s'accordait mal avec moi, fut le premier à hâter mon départ.

Aucun projet n'aurait pu me séduire davantage. De puissants motifs m'attiraient vers ces terres radieuses. J'étais amoureux de la beauté, et elles en étaient la patrie. Doué pour la peinture, je rêvais d'y faire carrière, et elles étaient l'école de tous les peintres.

Venise, Florence, Rome, Naples, m'enchantèrent. Mais je fus presque effrayé de tant de trésors, comme si chacune de ces villes exigeait plusieurs années de contemplation et de recueillement. J'aurais voulu être à la fois dans les palais et dans les églises, dans les théâtres, dans les musées et dans les rues. Là où je me postais avec ma palette, j'étais bientôt distrait par le spectacle de la vie. J'étais enivré et accablé, je devais renoncer à voir ou renoncer à peindre et je m'enfuis tour à tour de ces illustres cités.

La renommée de Capri était commençante. J'espérai trouver là ce lieu d'élection que je cherchais confusément et que je pourrais tout ensemble admirer et posséder. L'avouerai-je? je fus déçu par ma visite. Cette île où, plus tard, un autre Allemand devait renouveler la légende de Tibère, me parut d'un intérêt médiocre. La vue lointaine du Vésuve ne compense pas l'étroitesse de ses paysages, et je l'estime plus propice au séjour d'un tyran qu'à celui d'un esthète. On m'eût bien étonné, si on m'avait dit que j'y serais, un jour, l'hôte du fameux Krupp et une des causes de son suicide.

Méprisant, bien à tort, la Calabre, je m'embarquai pour la Sicile. J'eus immédiatement l'impression que j'approchais du but: Palerme, Ségeste, Agrigente, Syracuse m'offrirent de quoi me contenter, sans me rassasier. Plus j'avançais le long de ses côtes, plus j'aimais ce royaume des idylles et des batailles, que les poètes ont chanté et que se sont disputé les conquérants.

A Syracuse, j'avais salué le monument funéraire de mon compatriote Platen. Je goûtais cet auteur qui vint demander à la Sicile le droit d'aimer. Quelques lignes de lui et du *Voyage* de Goethe m'avaient appris le nom de Taormina. J'examinai, sur une carte, l'emplacement de cette obscure bourgade. Elle figurait, entre Messine et Catane, à une centaine de kilomètres au nord de Syracuse: elle était l'aboutissement naturel de ma pérégrination.

C'est par le train que j'arrivai au pied de ses collines abruptes. Il n'y avait, ce jour-là, aucune voiture: les visiteurs n'étaient pas encore très nombreux. Heureusement qu'il y avait un ânier, auquel je confiai mes bagages. La route carrossable, qui, par de longs lacets, mène au village, existait déjà.

23

Mais nous suivîmes le raccourci, tracé sur un éperon, entre les deux pointes du promontoire. A mesure que nous montions, j'apercevais, en haut, à gauche, des maisons, les lignes d'un couvent, une tour carrée, la façade d'une église baroque, le cône d'un clocher, des palmiers dont les branches se balançaient sur le ciel. Bientôt se dessina, dominant cette terrasse, un pic rocheux, couronné par les ruines d'un château féodal. A droite, l'autre pente, moins rapide, était plantée de pins et de cyprès, et le sommet, qui semblait inhabité, portait un bois d'oliviers touffus. Ce n'étaient pas les seuls arbres qui m'accueillaient: les amandiers et les caroubiers, au milieu des figuiers d'Inde et des agaves, bordaient notre chemin. Au passage, je fis connaissance avec la petite chapelle de la Madone des Grâces, qui a dû être bâtie là pour réjouir le voyageur par une invocation de bon augure.

ROGER PEYREFITTE: *Les amours singulières* (1949)

22. COURSE DE TAUREAUX À SÉVILLE

Le soleil qui prenait la plaza en écharpe enflammait l'ocre ardente du sable, l'immense tache multicolore des gradins, le jaune tendre de la colonnade de pierre, et faisait chanter sur le bleu du ciel le toit de tuiles andalouses et leur liséré à la chaux. Depuis le début de la course, la fièvre était montée si haut que le public restait debout, et que l'acclamation à peine retombée renaissait, soulevant une nouvelle vague. Le magnifique Guadiamar* apparu le premier sous le flot de rubans bleu ciel et noir semblait sorti de quelque estampe ancienne, et Juan-José, rubis et or, appelant sur sa silhouette scintillante tous les feux, avait lui-même ressuscité les génies de la scène classique. De nouveau hantée par ses esprits, et rappelée à elle-même, l'antique arène des Cavaliers s'était, dès le second taureau, retournée contre Juan-Fernando, et son homme de main Cañonero, insensibles à l'aura de la journée, et qui avaient tenté d'assassiner leur Guadiamar, pourtant le moins puissant du lot. Mais ce n'était plus le temps des victimes, et ce n'était plus un jour de pitié. Le taureau noir avait emporté dans sa chair les morceaux de piques rompues, et, mal banderillé par un Juan-Fernando méconnaissable, il avait mis celui-ci en péril, l'obligeant enfin à un coup bas, qui avait renversé les sorts.

La grâce de la journée était pour les grands Guadiamar ressuscités de la marisma après le temps d'épreuve, et pour les deux toreros sévillans haussés jusqu'à des dieux, et sur qui descendaient les langues de feu. Renversé et cherché au sol par son taureau, comme à Madrid, Morenito, bleu roi et or, avait été sauvé par la cape inspirée de Juan-José et, écartant ses hommes, il avait servi au Guadiamar une faena inoubliable, couronnée par une

---

* A breed of bull

estocade à corps perdu. La Maestranza retentissait encore de la clameur qui n'avait plus cessé depuis le moment de l'effroi, et réclamait les deux héros de la journée, unis par l'instant dramatique, et désormais inséparables dans la tendresse et dans la fierté de Séville. Après son tour de piste, Morenito était allé prendre Juan-José par la main, et ils étaient venus saluer ensemble. Les cloches de la Giralda n'avaient pas voulu rester étrangères à cette fête sévillane, et, chassant dans le ciel une nuée d'hirondelles, elles sonnaient à toute volée.

JOSEPH PEYRÉ: *Guadalquivir* (1952)

23. LE LYCÉE LA VEILLE DE LA RENTRÉE

Resté seul, François se tourna vers la cour de récréation et reçut un choc: qu'elle était petite! Désert poudreux, bordé d'asphalte, cerné de grilles et de bâtiments gris, avec son arbre unique dont les racines désespérées cherchaient, toujours plus profond, de quoi ne pas mourir — quoi! c'était là qu'il avait le plus ri, le mieux couru, discuté sans fin, connu Pascal Delange: passé, entre deux roulements de tambour, les meilleures heures, non! quarts d'heure de sa vie?

Le garçon pénétra dans le gymnase; il sentait encore la sueur, depuis juillet! Ce sol fait de bouchon écrasé et de sciure de bois, ce sol aux mille empreintes, François y avançait avec défiance comme sur un sable mouvant. Les agrès pendaient, inutiles, et il les injuria à mi-voix: «Trapèze, voyou carré! Le 23 mai je suis tombé et tous les types ont rigolé de moi, voyou! Et les anneaux! Mais vous louchez, crétins, vous louchez!» Il enroula la corde lisse après la perche et donna un coup de pied au cul du cheval d'arçon. «Avec ton ventre ballonné et tes pattes raides de chien crevé!» S'étant vengé d'avance de cette gym qu'il exécrait, François traversa la cour, monta trois marches et poussa la porte de leur ancienne classe. Oh! quels petits bancs! quelles tables basses! Le lycée tout entier rétrécissait donc pendant les vacances? La chaleur, peut-être... Le garçon marcha jusqu'à la chaire à la manière de M. Jacob, s'assit comme M. Gautreau, se moucha avec le geste de M. Plâtrier, chaussa les lunettes de M. Giglio dit *Nez-Rouge* et parla avec le zozotement de M. Larive-Aymard:

Dites donc, l'imbéfile, là-bas!

Après avoir ainsi honoré ses anciens prof, il promena son regard sur les bancs qu'il peupla de tous les fantômes de ses camarades. Il les nomma tous de mémoire: «... 28... 29... et le trentième? Qui donc était le trentième? Quoi, on était pourtant trente!» — Il n'oubliait que lui.

Il monta jusqu'au banc des *Sommeilleux:* les gars du fond, masse inerte que le tambour seul réveillait à la fin d'une classe dont ils demandaient alors: «C'était math ou géo cet après-m.? », à la grande indignation de Lévêque, le bon élève, qui ruminait ses leçons (au premier rang) en se bouchant les oreilles. Mais les Sommeilleux ne dormaient pas seulement: ils sculptaient aussi, avec une patience du Moyen Age, des scènes absurdes ou des phrases déplaisantes. Il y avait là, sur la table de Cayrolle, gravé en gothiques profondes: LÉVÊQUE EST UN... – affirmation que l'arrivée des vacances avait sans doute empêché l'artiste d'achever.

«Si Cayrolle devient maréchal de France, se dit François, on exposera cette table au Musée des Invalides, sous une vitre.»

GILBERT CESBRON: *Notre Prison est un royaume* (1952)

24. UN INCROYANT VISITE L'EGLISE

Jérome dévissa la vieille serrure disjointe et rouillée. Sans doute les enfants de choeur l'avaient-ils faussée en essayant d'ouvrir la porte pour boire du vin de messe en cachette. C'était la troisième fois qu'elle se détraquait en deux ans. «Ces gosses, quand même! Quel besoin de détruire tout ce qui leur tombe sous la main?» Il pensait à Denis, qui, depuis l'admonestation, s'était mué en fils modèle, respectueux et appliqué. «Combien de temps cela durera-t-il?» La boîte en fer était solidement encastrée dans l'épaisseur du bois. Pour la décoller de son logement, il dut se servir du tournevis comme d'un levier. Le grincement de l'outil se répercutait d'une manière scandaleuse sous les hautes voûtes de l'église. Jérome était gêné de faire tant de bruit dans ce sanctuaire voué au silence et à la méditation. Là, autrefois, entouré de flambeaux d'argent, se dressait le catafalque de Maria. Deux mois déjà! Etait-ce possible? Il frissonna et tourna ses regards vers la nef où s'alignaient, dans la lueur verdâtre des vitraux, des rangées de chaises et de prie-Dieu. Dans tout ce vide, une seule forme humaine, ratatinée et murmurante: le grand-père de Mlle Bellac, la couturière. Il avait perdu sa femme, lui aussi. Mais dix ans plus tôt. On le disait faible d'esprit. La serrure se détacha dans un craquement. Jérome acheva de l'extirper par petites secousses et la fourra dans sa poche avec les vis et les instruments. Il la vérifierait et la réparerait à la forge cet après-midi. Privée de son système de fermeture, la porte restait entrebâillée, devant lui, sur la sacristie. Il fit pivoter le vantail, examina la gâche, puis, marchant sur la pointe des pieds, contourna le choeur et s'engagea dans l'allée latérale pour gagner la sortie. Agenouillé sur son prie-Dieu, la tête appuyée dans les mains, le grand-père de Mlle Bellac marmonnait toujours des paroles inintelligibles. Tout à coup il se redressa et regarda au loin, comme si un appel discret eût frappé son oreille. Jérome lui fit un salut, en passant. Le vieillard n'eut pas l'air de le remarquer. Drôle de bougre! Pourquoi venait-il ici en dehors des offices? Pour remercier Dieu de l'avoir fait veuf? Pour le supplier de lui réserver une place auprès de son épouse, dans le ciel? Ou pour goûter du repos dans un lieu calme et richement orné? Jérome reconnaissait que, même pour un incroyant, l'église de la Chapelle-au-Bois constituait un refuge agréable. Les hommes qui avaient uni leurs efforts pour construire et embellir ce temple étaient des compagnons qui savaient leur métier. En tant qu'artisan, il leur rendait justice. Simplement, il regrettait que cette décoration solennelle fût dédiée à un mythe auquel il ne pouvait souscrire. Il s'arrêta devant un renfoncement obscur, où se trouvait une statue représentant la Vierge et l'enfant Jésus. Taillé dans le bois, le visage de la Vierge avait une expression souriante et triste. Ses paupières étaient baissées. Son voile retombait en plis mous de son front à ses épaules. Elle pressait contre son sein un nourrisson replet, à la tête ronde et aux yeux aveugles. Il manquait deux doigts à la main de la mère. «C'est dommage, pensa Jérome. On devrait réparer ça.» Il fit un pas en avant pour mieux admirer le talent de l'artiste. L'outil avait fouillé la matière sombre sans laisser la moindre trace d'écorchure. Par endroits, cependant, la surface était grêlée de petits trous creusés par les vers. Une fente s'était ouverte dans la joue du bébé. «Ce doit être un ouvrage qui date de plusieurs siècles. On ne saurait plus faire aussi bien, de nos jours.» Il hocha la tête avec respect et continua sa prospection. Un peu plus loin, sur le mur du bas-côté, étaient pendus les tableaux du chemin de la croix. Il les avait aperçus au cours de ses précédentes visites, mais il les revit avec plaisir. Les soldats aux cuirasses luisantes, les valets rieurs, la blanche silhouette de Jésus fléchissant sous le poids de la croix, son corps écartelé, avec les clous, le sang fluide, la couronne d'épines, le regard au ciel, tout cela était d'un effet terrible, malgré le mauvais état des toiles, craquelées et noircies par le temps.

HENRI TROYAT: *Les Semailles et les moissons* (1953)

25. PAYSAGES PORTUGAIS, 1945

Quel plaisir d'avoir de nouveau un volant entre les mains, et ces routes devant soi, à perte de vue! Après toutes ces années, Henri était intimidé, le premier jour; l'auto semblait douée d'une vie personnelle; d'autant plus qu'elle était lourde, mal suspendue, bruyante et plutôt capricieuse; et pourtant, voilà qu'elle obéissait aussi spontanément qu'une main.
— Comme ça va vite, c'est formidable! disait Nadine.
— Tu t'es déjà promenée en bagnole, non?
— A Paris. dans des jeeps; mais je n'ai jamais roulé si vite.
Ça aussi, c'était un mensonge, la vieille illusion de liberté et de puissance, mais elle y consentit sans scrupule. Elle baissait toutes les vitres, elle buvait goulûment le vent et la poussière. Si Henri l'avait écoutée, ils ne seraient jamais descendus de la voiture; ce qu'elle aimait, c'était filer le plus vite possible, entre la route et le ciel; elle s'intéressait à peine aux paysages. Et pourtant, comme ils étaient beaux! Le poudroiement doré des mimosas, les sages paradis primitifs que répétaient à l'infini les orangers aux têtes rondes, les délires de pierre de Battaglia, le duo majestueux des escaliers qui montaient entrelacés vers une église blanche et noire, les rues de Béja où traînaient les cris anciens d'une nonne en mal d'amour. Dans le sud à

27

l'odeur d'Afrique, des petits ânes tournaient en rond pour arracher un peu d'eau au sol aride; on apercevait de loin en loin, au milieu des agaves bleues qui poignardaient la terre rouge, la fausse fraîcheur d'une maison lisse et blanche comme le lait. Ils remontèrent vers le nord par des routes où les pierres semblaient avoir volé aux fleurs leurs couleurs les plus violentes: des violets, des rouges, des ocres; et puis les couleurs redevinrent des fleurs parmi les douces collines du Minho. Oui, un beau décor, et qui se déroulait trop vite pour qu'on eût le temps de penser à ce qui se cachait par derrière. Au long des côtes de granit, comme sur les routes brûlantes de l'Algarve, les paysans marchaient pieds nus, mais on n'en rencontrait pas souvent. C'est à Porto la Rouge, où la crasse a la couleur du sang, que la fête s'acheva. Sur les murs des taudis, plus sombres encore et plus humides que ceux de Lisbonne, et grouillant d'enfants nus, on avait apposé des écriteaux: «Insalubre. Défense d'habiter ici». Des fillettes de quatre à cinq ans, vêtues de sacs troués, fouillaient dans les poubelles. Pour déjeuner, Henri et Nadine se cachèrent au fond d'un boyau obscur, mais ils devinaient des visages collés aux vitres du restaurant. «Je déteste les villes!» dit Nadine avec fureur. Elle resta enfermée toute la journée dans sa chambre et le lendemain sur les routes, c'est à peine si elle desserra les dents. Henri n'essaya pas de la dérider.

Au jour fixé pour leur retour, ils s'arrêtèrent pour déjeuner dans un petit port à trois heures de Lisbonne; ils laissèrent la voiture devant l'auberge pour escalader une des collines qui dominaient la mer; au sommet se dressait un moulin blanc, coiffé de tuiles vertes; on avait fixé à ses ailes de petites jarres de terre cuite au col étroit où le vent chantait. Henri et Nadine descendirent en courant la colline entre les oliviers tout en feuilles et les amandiers tout en fleurs et la musique puérile les poursuivait. Ils se laissèrent tomber sur le sable de la crique; des barques aux voiles rouillées hésitaient sur la mer pâle.

— Nous serons bien ici, dit Henri.

SIMONE DE BEAUVOIR: *Les Mandarins* (1954)

26. EN VOYAGE

Après avoir joué quelques instants avec le couvercle du cendrier vissé au chambranle, vous ressortez de la poche droite de votre veston le paquet de gauloises dont vous n'avez déchiré qu'une des extrémités sans toucher à la bande de papier blanc collée au centre comme un sceau, où manquent déjà deux cigarettes; vous en prenez une troisième que vous allumez en protégeant votre flamme avec vos deux mains, et dont la fumée vous vient un peu dans les yeux, vous force à les cligner deux ou trois fois, puis, après avoir regardé votre montre, vu qu'il était dix heures et quart, que vous étiez donc parti depuis plus de deux heures, qu'il vous restait donc encore presque une heure avant le prochain arrêt à Dijon à onze heures douze,

28

vous en faites tomber la cendre, et comme vous recommencez à aspirer par ce petit tuyau de papier blanc rempli de brins de feuilles sèches, vous voyez deux points rouges s'allumer, tremblants, dans les verres de myope de l'homme qui est en face de vous, non plus l'Anglais maintenant, mais de nouveau son voisin le professeur, penché sur son gros livre aux pages jaunies, deux points rouges augmentant d'intensité puis s'atténuant à chacune de vos bouffées, à côté de la petite image déformée des trois carreaux et de l'entrebaillement de la porte avec un paysage courbe qui y défile, sous son front déjà très dégarni avec trois sillons bien marqués.

Il fait effort pour garder les yeux fixés sur les lignes agitées par le mouvement du wagon, pour aller vite dans sa lecture mais sans rien laisser échapper d'important, un crayon dans sa main droite, marquant de temps en temps une croix dans la marge, parce que ce texte doit lui servir à préparer quelque chose, un cours sans doute qui n'est pas prêt et qu'il doit donner cet après-midi, un cours de droit probablement puisque, si le titre courant danse trop pour que vous puissiez le déchiffrer à l'envers, vous êtes pourtant capable d'identifier les trois premières lettres, L, E, G, du premier mot qui doit être «législation», vraisemblablement à Dijon puis qu'il n'y a pas d'autre université sur la ligne avant la frontière.

Il porte une alliance à son doigt effilé et agité; il doit venir faire ses cours deux ou trois fois par semaine, une seule fois peut-être s'il s'est bien débrouillé, s'il a un pied-à-terre là-bas ou un hôtel assez bon marché, parce qu'il ne doit pas être royalement payé, et laisser sa femme à Paris où il habite comme la plupart de ses collègues, avec ses enfants, s'il a des enfants, qui sont obligés d'y rester à cause de leurs études, non qu'il manque d'excellents lycées dans cette ville, mais parce qu'ils ont déjà peut-être leur baccalauréat, l'aînée du moins, ou l'aîné (c'est une réaction très sotte, c'est entendu, mais il est sûr que vous auriez préféré que votre premier-né fût un garçon), car, s'il est certainement plus jeune que vous de quelques années, il s'est peut-être marié plus tôt et ses enfants, mieux suivis, n'auront pas eu de difficultés à faire des études plus brillantes que Madeleine, par exemple, qui n'en est qu'à sa première à dix-sept ans.

MICHEL BUTOR: *La Modification* (1957)

27. LE SOLDAT

Couché dans le fossé plein d'herbe, son arme sombre et luisante appuyée contre l'avant-bras gauche, il entend les hommes respirer tout près, il voit à peine un ou deux visages tournés vers lui. Il sait qu'on a confiance en son habileté, sa virtuosité même, pour se tirer de n'importe quelle situation, de l'embuscade la moins prévisible (la mine, d'abord; puis le tir croisé, à couvert, d'un ennemi qu'on ne voit jamais, d'un adversaire fantomatique et précis qui pose son piège, l'exploite, s'enfuit, omniprésent et insaisissable, à peine plus réel que la poursuite tentée contre lui, bénéficiant de complicités et de cachettes toujours nouvelles; ennemi se confondant avec l'idée qu'on s'en fait, être multiple et sans visage qui ne se découvre que pour frapper; ennemi que l'on croirait avoir inventé tant il se manifeste rarement, si ce n'est à coup sûr, par traîtrise: on dirait alors que toute l'organisation quotidienne, au grand jour, n'a d'autre but que de le créer, cet ennemi, dans les ténèbres; de la renforcer en se renforçant; de répondre ainsi, comme lui, à une nécessité secrète qui poursuit, ici et là, son jeu alterné). Car personne ne se doute que c'est justement sa facilité qui l'inquiète — ainsi l'aisance de l'équilibriste, du trapéziste, semble-t-elle augmenter les possibilités d'accident; ainsi la trajectoire maîtrisée, le geste infaillible, ont-ils pour effet de pousser le hasard à son comble, de franchir l'espace-limite du basculement et de l'erreur — facilité qui rapproche le dernier obstacle, l'impensable obstacle, la revanche d'une épaisseur et d'une lourdeur méconnues. A son insu, sa présence contrôlée, son attente, expriment la volonté de disparaître, l'attirance d'une chute dominée qui provoque et augmente la profondeur de la chute: prévoir, en définitive, c'est donner des armes contre soi. Dérouté, il ne peut que rappeler une seule image: le coin de cave où il aimait se cacher autrefois; le coin obscur et frais sous la maison, où il pouvait sentir l'odeur du liège et du vin récemment tiré; où il a, un jour, formulé sa demande et sa décision. D'abord: être averti par un signe spécial. Et en conséquence: mener jusque-là, sans hésitation, sans défaillance, en plein équilibre, son corps. Peu importerait où et quand.

PHILIPPE SOLLERS: *Le Parc* (1961)

28. DÉBARQUEMENT DES CANADIENS À ARROMANCHES, LE 6 JUIN 1944

Des nuages bas dérivent, troués de mouettes piaillardes. Les Canadiens saluent les obus de jurons forcenés. La barge donne de la bande, travaillée en biais par cette satanée houle qui n'en finit pas. A mesure que le jour vient, paradoxalement, les explosions, les fumées, les embruns, diminuent le champ. Le soleil bondit, rouge, énorme, noyé dans des pansements de coton, un soleil d'hôpital militaire. Ils chuchotent, saisis d'une émotion de primitifs.

Vadboncoeur murmure, inexplicablement:

— Ce qu'y a de bon avec le soleil, le soleil...

L'artillerie de marine a cessé de tirer. La terre normande émerge audessus de la mer de crachats, mince bande découpée sur le ciel où courent les nuages d'Ouest, maisons basses, tapies de peur, arbres mutilés, et le clocher pointu, bleu, dans les reflets roses du jeune soleil.

— Il fait frette, dit encore Vadboncoeur, qui a dû beaucoup réfléchir avant de laisser tomber cette morne vérité.

Le toussotement des Diesel ralentit tandis que des treuils dévident des

30

chaînes et que gueulent les matelots. Les péniches virent de bord, encaissant la houle par le travers, brassent, dérivent, puis talonnent au plus près. La plage vient au-devant d'eux, très vite. La barge racle le fond avec un bruit déchirant. Les marins lancent des filets sur le flanc. Les hommes se cognent, se détachent et retombent les uns sur les autres en jurant. Dans les instants de calme, ils regardent stupidement le sac du copain qui est devant. Un mégaphone hurle comme dans une gare des ordres enrhumés. Abel est à un mètre de l'eau verte. Le copain qui précède Abel en a jusqu'à mi-ventre. La vague l'emporte. Le type remonte, hagard. Une autre vague le reprend, le jette en avant. Les gerbes d'écume crachent, dans les gargouillements intestinaux des explosions sous-marines. Un bruit persistant énerve Abel, un martèlement saccadé de la tôle, un bruit ridicule de serrurerie. Coincé entre la peur de l'eau et la peur des balles, Abel se laisse glisser dans la mer huileuse. Il patauge, bute contre des Anglais qui poussent devant eux un canot pneumatique, y jette sa carabine emmanchée de la courte baionnette, souffle, cherche Jacques des yeux dans ce gris dont on ne sait plus si c'est de la tôle, du ciment, de l'air, ou de l'eau.

— Jacques!

L'appel est puéril dans ce vacarme.

Abel surmonte sa peur ventrale des vagues et retourne, forçant cuisse après cuisse, contre le flot, les jambes en double étrave. Jacques a dû tomber dans un trou car le voilà qui se débat, sucé vers le fond, la mitraillette au bout du poing. Sa ceinture de sauvetage a glissé et il bascule; les pieds gigotent, grotesques. Abel s'est encore approché, porté par sa Maë West. La vague bat Jacques contre la péniche, le retourne, le rétablit, pieds en bas. Puis il reparaît, hoquetant, crachant, à demi étouffé; il a réussi à se libérer des faux seins de caoutchouc.

— Avancez, avancez! crie Petitjean. Leclerc! Avancez! Serrez vous pas les uns contre les autres!

Abel a pris pied. Abel marche. Sur la plage, les vagues s'écrasent en rouleaux. Il retrouve le canot et son arme. Des guêpes l'agacent... le lieutenant s'affale de tout son long. Petitjean s'ébroue, crache, fait des signes furibonds. Les guêpes. Soudain, Abel s'aplatit, tempes battantes. Il a compris.

ARMAND LANOUX: *Quand la Mer se retire* (1963)

29. TERREUR D'UNE EUROPÉENNE EN AFRIQUE

Jusqu'au palais de Gohanda c'était une course de cinq minutes; elle mit plus d'une heure à atteindre un endroit de la ville, et non pas le palais en question, un endroit situé tout à l'opposé, mais sur lequel elle eut l'immense soulagement de pouvoir mettre un nom, car elle avait passé toute cette heure dans le même effroi qu'un canotier du dimanche surpris par un raz de marée, qui voit arriver sur lui des montagnes d'eau toujours plus hautes et bientôt ne sait plus s'il file vers l'aval ou vers l'amont, s'il doit s'abandonner ou tenter encore de pagayer à contre-courant. Elle aussi avait perdu de vue la berge. Elle aussi, assourdie et rassourdie par les clameurs, avait fini par consentir à ce tournoiement du monde, uniquement attentive à ne pas laisser passer le moment de faire le seul geste (dont elle n'avait bien sûr aucune idée) par lequel il lui était peut-être encore donné de se sauver.

Devant la grille, les nègres n'étaient pas trop nombreux, une cinquantaine, et ils s'étaient écartés devant ses phares avec assez de bon vouloir, mais elle n'avait pas fait deux cents mètres, pas atteint le premier carrefour, qu'elle vit arriver la ruée, le mascaret, ce qu'elle nomma elle-même et que n'importe qui à sa place eût nommé le raz de marée, car nous n'avons pas une telle provision d'images, le Village arraché à ses dancings par la nouvelle de l'arrestation de Doumbé, projeté hors des paillotes, toute la substance humaine du Village déferlant à pied, à la course, par milliers et milliers, des kilomètres de nègres, vers la case de Doumbé, pour voir.

Elle écrasa l'accélérateur, espérant être avant eux au carrefour. En face, on crut à une résolution de foncer, de passer coûte que coûte, on se vit morts. Tous ceux des premiers rangs se dressèrent, les bras en croix, devinrent autant d'agents de police désapprobateurs, désespérés, impuissants. A un mètre d'eux, sous leur nez, elle lança la grosse voiture dans la rue de droite, et peut-être aurait-elle pu encore leur échapper si, pour repousser quelques jeunes gens qui suivaient la horde en serre-file et débouchaient à cet instant des jardins, elle n'avait, dans tout son affolement, actionné la sirène. Elle ne pouvait mieux se dénoncer: ils furent cinquante agriffés aux pare-chocs, aux ailes, aux poignées, à toute saillie, et elle eut beau pousser le moteur, elle sentit la *Buick* perdre le peu de vitesse qui lui restait, puis, si fort qu'elle tînt le volant serré entre ses mains, glisser vers le fossé, et enfin s'immobiliser, matée, vibrant encore par toutes ses tôles.

Comme il n'était pas difficile d'imaginer le choc que ce serait lorsque tout ce poids de Noirs furieux d'avoir eu peur pour rien s'abattrait derrière elle, elle se baissa pour serrer le frein à main. Elle n'eut pas le temps de se redresser. Sa tête heurta durement le volant et elle en ressentit aussitôt une douleur si vive qu'il lui sembla que c'était le volant qui avait jailli tout exprès pour la frapper, avec une malignité évidente, à l'endroit le plus douloureux, l'arcade sourcilière, croyait-elle, mais elle n'en était pas trop sûre, tant la douleur l'irradiait. Cependant, si l'instant même du choc avait été aussi terrifiant qu'elle le redoutait, avec une seule volée de poings et de pieds tombant partout à la fois, jusqu'au milieu du toit, le martelage ne dura guère, la colère fit long feu, ils ne voulurent plus que voir, mais passionément, bien plus acharnés à reluquer qu'à frapper, autrement friands, autrement excités. Cela se disputait les bonnes places aux portières, au pare-brise, à la lunette arrière. Des visages partout, comme il y a des mouches sur un piège à mouches, et le regard de Laurence sautait d'un regard à un regard. C'était une curiosité qui ne vous laissait

pas un répit, chaque oeil demandait sa part, une petite attention spéciale, c'était quelque chose d'actif et d'agité, ça miroitait, ça fourmillait. *C'est elle! C'est donc elle! Oui, c'est moi, moi, et alors?...* à n'en plus finir.
GEORGES CONCHON: *L'Etat sauvage* (1964)

30. UN POLITICIEN DE MARTINIQUE

Difficile à classer de nos jours un homme comme Galba. Si on le définissait suivant l'argent dont il dispose, on pourrait conclure à son extréme pauvreté. Pourtant... Quelqu'un qui aurait eu l'idée de lui demander «Qu'est-ce que la liberté?» l'aurait sans doute vu montrer d'un grand geste la solitude l'espace et le silence autour de lui... (Un Parisien qui vit avec trois étages ou plus de locataires au-dessus de lui et deux ou trois au-dessous avec des hommes et du bruit sur les six faces de son cube fonctionnel, sans compter la rue et le mur d'en face, les autres rues et les autres murailles pareillement clapiers, aura une autre conception sans doute)... Quand le canot touche le sable et que les femmes, qui le voyaient depuis deux heures, descendent lentement vers le poisson... quand un homme démêle les lignes et les cordages bien seul avec la mer la colline et la crique pour lui seul... quand l'odeur de la nourriture tombe, intime nocturne et reposante, sur le hameau...

Avec l'assassinat d'Alin, Galba passe des pentes abruptes de son champ de pauvre, de la source parcimonieuse du ravin, des nuits de pêche sous les averses, de tout, ce puritain ce sévère cet ingrat ce maigre ce juste et sans pitié de la terre, passe tombe sur des boîtes des étagères des comptoirs et des boutiques de faces complaisantes et patelines, compréhensives et démocratiques, bonasses et déguisées en visages d'honnête homme, camouflés en pas fier du tout, tombe trébuche et dévoile tout un lot de gueules épaisses peintes en frères... Ce n'est plus l'allure capitaine et conquérante, arrogante et fouetteuse, le talon sec et la cravache sous le bras des anciens maîtres, mais la démarche l'aspect le ton de qui se fait ostensiblement et avec publicité de l'infanterie. Des hommes noirs et pas riches, qui après le coup du mépris et de la race supérieure des hommes blancs et riches, tentent de lui faire le coup de la fraternité et «on est tous pareils camarade!»... Conseils commissions et secrétariats sont de bénins patronages. On respire une odeur de sacristie chez le commissaire et le procureur. On le plaint et on le raccompagne. On le console et on l'éconduit. Dix fois on étale le jeu devant lui. Et plus il fait de démarches – forcé piloté emmené remorqué par la famille – plus il se sent emmêlé. Plus on lui parle d'enquêtes d'instruction de légalité moins il s'oriente. L'homme de solitude et de silence ne tient pas le coup entre le mur et.le plafond, entre les fauteuils et le bureau, entre le raisonnement et le prêche. Il se décompose dans l'air rare et le discours crochu. Aussi on le voit bientôt, las de piétiner entre les guichets, se remettre d'un saut dans le courant, repartir vers le

large. Il lâche les tontons et les marraines, déserte grands-mères et amis...
Suffisamment déniaisé, entre deux chafouins, il s'esquive et allonge le
pas... Car tout à l'heure dans le jeu malignement étalé — dix valet dame
as — il a repéré une carte — valet dame roi.

SALVAT ETCHART: *Le Monde tel qu'il est* (1967)

31. LES ENFANTS DE NOÉ

Japhet:　Le bateau ne bouge toujours pas?

Cham:　S'il bouge? Comme une île... Et ça fait cinq mois que ça dure.

Sella:　Cinq mois.

Cham:　Parfaitement! Eh, Sem, qu'est-ce que tu regardes?

Sem, vaguement:　Hé?

Cham:　Tu attends une visite?

Sem:　Non, je... *(Revenant vers les autres)* C'est drôle, hein? On devient maniaque. Il faut toujours, maintenant, que je regarde par là, du côté de l'Est. Et que je compte... jusqu'à cent... Et je suis sûr qu'à cent, quelque chose va sortir de l'horizon.

Ada:　Quoi?

Sem:　Je ne sais pas au juste. Quelque chose de grand: une tour... une ville... un grand navire... Mais rien ne vient jamais.

Japhet:　Hé là, secoue-toi, mon vieux. C'est dangereux, tu sais.

Cham:　Et ça, c'est encore rien. Mais un de ces jours, il les verra, sa tour, sa ville ou son navire.

Japhet:　Tu blagues?

Cham:　Il ne les verra pas vraiment. N'empêche qu'il nous cassera la tête si on lui parle de mirage. Attendez, attendez, on n'a pas fini de rigoler... Allons, Sem, viens t'asseoir avec nous... Ça va mieux?

Sem:　Oh! ça ne va pas mal, à part l'attente, cette. . . attente, tu comprends?

Cham:　Tu parles si je comprends! Je n'ai pas cette manie-là, mais j'en ai d'autres, va. Et eux aussi, pas vrai?

Sella:　Ça n'est pas des manies, c'est des choses que j'entends, la nuit, quand vous dormez... de petites cloches, douces, douces...

Ada:　Non, pas de cloches,: comme de minces chansons de moustiques.

Cham:　Ni cloches, ni moustiques, mes pauvres filles, rien que le silence qui vous grignote la cervelle. Haha! Nous deviendrons tous dingos. Et le vieux ne fera rien! Il ne fera rien. Rien!

Japhet:　Qu'est-ce que tu veux qu'il fasse?

Cham:　N'importe quoi... N'importe quoi! Qu'on le voie! Qu'il se montre! qu'il agisse! qu'il commande! qu'il exige de nous des choses... des choses qui vannent, qui esquintent... mais qui calment le sang... N'importe quoi, je vous dis: jeux, corvées, rigolades, mais, bon Dieu, qu'il commande!... Oui, qu'il nous courbe tous sous une discipline... Une discipline de fer avec... est-ce que je sais?... châtiments corporels et torture à la clef! ... Que la peur règne sur nous, ou la débauche, ou bien l'amour, ou même la vertu,

35

pourquoi pas? Mais pas celle-là! Ah! pas celle-la! ... Pas cette vertu-là!

Japhet: Tu seras le premier à rouspéter.

Cham: Et après? Ça sera drôle. On s'affrontera, luttera, on combattra peut-être.

Japhet: On sera damnés.

Cham: Damnés! *(Pause)*   Ecoute, mon petit Japhet, père est un paysan... Est-ce vrai?

Japhet: C'en est un, et un beau!

Cham: Superbe, je te l'accorde. Un paysan de la grande sorte, oui, de la bonne époque, mais... ce n'est qu'un paysan.

Japhet: Ça vaut mieux que d'être...

Noéma, le coupant: Assez!

Japhet: Dites donc, vous!

Sem: Ah! ne vous chamaillez pas! Vas-y, Cham, nous te suivons.

Cham: Il a très bien connu la terre, les arbres, les plantes. Il a toujours aimé les bêtes. Il comprend les nuages, les vents, les étoiles, enfin, tout le tremblement. Sans gober les miracles, on peut faire place à la divination. Je reconnais que père devine beaucoup de choses: toutes les histoires de temps qui change, de vent qui tourne, de nouvelle lune... Si vous voulez, c'est quelque chose comme un génial bonhomme de baromètre. Mais rien de plus. Devin, tant qu'on voudra. Divin, je ne marche pas. Seul dans le monde, il a senti qu'une catastrophe extraordinaire menaçait. Il s'est garé et nous a garés avec lui. C'est tout. Ça n'est pas mal. C'est déjà assez surprenant. Ça l'est même beaucoup plus que si le Seigneur Dieu lui téléphonait des avis. Voilà ce que je pense, et je suis prêt à le lui dire.

Japhet: Il en mourrait.

Cham: On ne meurt pas, mon enfant, tu nous le répètes sans cesse... Voyons, vous tous, est-ce que je lui dis ça?... Et le reste?

(Silence)   Ne répondez pas tous à la fois.

ANDRÉ OBEY: *Noé* (1931)

32. LÉDA RACONTE SON AVENTURE

Alcmène: Léda, c'était vrai ce que la légende raconte, il était un vrai cygne?

Léda: Ah! Cela vous intéresse! Jusqu'à un certain point, une espèce de nuage oiseau, de rafale cygne.

Alcmène: De vrai duvet?

Léda: A vous parler franchement, Alcmène, j'aimerais autant qu'il ne reprît pas cette forme avec vous. Je n'ai pas à être jalouse, mais laissez-moi cette originalité. Il est tant d'autres oiseaux, de beaucoup plus rares, même!

36

Alcmène: D'aussi nobles que les cygnes, qui aient l'air plus distant, bien peu!

Léda: Evidemment.

Alcmène: Je ne trouve pas du tout qu'ils aient l'air plus bêtes que l'oie ou l'aigle. Du moins, ils chantent, eux.

Léda: En effet, ils chantent.

Alcmène: Personne ne les entend, mais ils chantent. Chantait-il, lui? Parlait-il?

Léda: Un ramage articulé, dont le sens échappait, mais dont la syntaxe était si pure qu'on devinait les verbes et les relatifs des oiseaux.

Alcmène: Est-ce exact que les articulations de ses ailes crépitaient harmonieusement?

Léda: Très exact, comme chez les cigales, en moins métallique. J'ai touché des doigts cette naissance des ailes: une harpe de plumes!

Alcmène: Vous aviez été informée de son choix?

Léda: C'était l'été. Depuis le solstice, de grands cygnes naviguaient très haut entre les astres. J'étais bien sous le signe du cygne, comme disait plaisamment mon mari.

Alcmène: Votre mari plaisante sur ce sujet?

Léda: Mon mari ne croit pas aux dieux. Il ne peut donc voir, dans cette aventure, qu'une imagination ou le sujet de jeux de mots. C'est un avantage.

Alcmène: Vous avez été bousculée, surprise?

Léda: Assaillie, doucement assaillie. Caressée soudain par autre chose que par ces serpents prisonniers que sont les doigts, ces ailes mutilées que sont les bras; prise dans un mouvement qui n'était plus celui de la terre, mais celui des astres, dans un roulis éternel: bref un beau voyage. D'ailleurs vous serez mieux renseignée que moi dans un moment.

Alcmène: Il vous a quittée comment?

Léda: J'étais étendue. Il est monté droit à mon zénith. Il m'avait douée pour quelques secondes d'une presbytie surhumaine qui me permit de le suivre jusqu'au zénith du zénith. Je l'ai perdu là.

Alcmène: Et depuis, rien de lui?

Léda: Je vous dis, ses faveurs, les politesses de ses prêtres. Parfois une ombre de cygne qui se pose sur moi dans le bain, et que nul savon n'enlève... Les branches d'un poirier témoin s'inclinent sur mon passage. D'ailleurs je n'aurais pas supporté de liaison même avec un dieu. Une seconde visite, oui, peut-être. Mais il a négligé ce point de l'étiquette.

Alcmène: Cela pourra peut-être se rattraper. Et depuis, vous êtes heureuse?

Léda: Heureuse, hélas non! Mais, du moins, bienheureuse. Vous verrez que cette surprise donnera à tout votre être, et pour toujours, une détente dont votre vie entière profitera.

JEAN GIRAUDOUX: *Amphitryon 38* (1929)

33. LE FANTÔME

Un chemin de ronde sur les remparts de Thèbes. Hautes murailles. Nuit d'orage. Eclairs de chaleur. On entend le tamtam et les musiques du quartier populaire.

Le jeune soldat: Il s'amusent!

Le soldat: Ils essayent.

Le jeune soldat: Enfin, quoi, ils dansent toute la nuit.

Le soldat: Ils ne peuvent pas dormir, alors, ils dansent.

Le jeune soldat: C'est égal, ils se saoulent et ils font l'amour et ils passent la nuit dans les boîtes, pendant que je me promène de long en large avec toi. Eh bien, moi, je n'en peux plus! Je n'en peux plus! Je n'en peux plus! Voilà, c'est simple, c'est clair: je n'en peux plus!

Le soldat: Déserte.

Le jeune soldat: Non, non. Ma décision est prise. Je vais m'inscrire pour aller au Sphinx!

Le soldat: Pour quoi faire?

Le jeune soldat: Comment pour quoi faire? Mais pour faire quelque chose! Pour en finir avec cet énervement, avec cette épouvantable inaction.

Le soldat: Et la frousse?

Le jeune soldat: Quelle frousse?

Le soldat: La frousse, quoi! La frousse! J'en ai vu de plus malins que toi et de plus solides qui l'avaient, la frousse! A moins que monsieur veuille abattre le Sphinx et gagner le gros lot.

Le jeune soldat: Et pourquoi pas, après tout? Le seul rescapé du Sphinx est devenu idiot, soit. Mais si ce qu'il radote était vrai. Suppose qu'il s'agisse d'une devinette. Suppose que je la devine. Suppose...

Le soldat: Mais ma pauvre petite vache, est-ce que tu te rends bien compte que des centaines et des centaines de types qui ont été au stade et à l'école et tout, y ont laissé leur peau, et tu voudrais, toi, toi pauvre petit soldat de deuxième classe...

Le jeune soldat: J'irai! J'irai, parce que je ne peux plus compter les pierres de ce mur, et entendre cette musique, et voir ta vilaine gueule, et...   *Il trépigne.*

Le soldat: Bravo, héros! je m'attendais à cette crise de nerfs. Je la trouve plus sympathique. Allons... ne pleurons plus... calmons-nous... la la la...

Le jeune soldat: Je te déteste!

Le soldat cogne avec sa lance contre le mur derrière le jeune soldat. Le jeune soldat s'immobilise.

Le soldat: Qu'est-ce que tu as?

Le jeune soldat: Tu n'as rien entendu?

Le soldat: Non... Où?

38

Le jeune soldat: Ah! ... il me semblait... j'avais cru...

Le soldat: Tu es vert... Qu'est-ce que tu as? Tu tournes de l'oeil?

Le jeune soldat: C'est stupide... Il m'avait semblé entendre un coup. Je croyais que c'était lui.

Le soldat: Le Sphinx?

Le jeune soldat: Non, lui, le spectre, le fantôme quoi!

Le soldat: Le fantôme? Notre cher fantôme de Laïus? Et c'est ça qui te retourne les tripes. Par exemple!

Le jeune soldat: Excuse-moi.

Le soldat: T'excuser, mon pauvre bleu? Tu n'es pas fou! D'abord, il y a des chances pour qu'il ne s'amène plus, après l'histoire d'hier, le fantôme. Et d'une. Ensuite, de quoi veux-tu que je t'excuse? Un peu de franchise. Ce fantôme, il ne nous a guère fait peur. Si... Peut-être la première fois... Mais ensuite, hein?... C'était un brave homme de fantôme, presqu'un camarade, une distraction. Alors, si l'idée de fantôme te fait sauter en l'air, c'est que tu es à cran, comme moi, comme tout le monde, riche et pauvre, à Thèbes, sauf quelques grosses légumes qui profitent de tout. La guerre c'est déjà pas drôle, mais crois-tu que c'est un sport que de se battre contre un ennemi qu'on ne connaît pas? On commence à en avoir soupé des oracles, des joyeuses victimes et des mères admirables. Crois-tu que je te taquinerais comme je te taquine, si je n'avais pas les nerfs à cran, et crois-tu que tu aurais des crises de larmes et crois-tu qu'ils se saouleraient et qu'ils danseraient là-bas? Ils dormiraient sur les deux oreilles, et nous attendrions notre ami fantôme en jouant aux dés.

Le jeune soldat: Dis donc...

Le soldat: Eh bien?

Le jeune soldat: Comment crois-tu qu'il est... Le Sphinx?

Le soldat: Laisse donc le Sphinx tranquille. Si je savais comment il est, je ne serais pas avec toi, de garde, cette nuit.

Le jeune soldat: Il y en a qui prétendent qu'il n'est pas plus gros qu'un lièvre, et qu'il est craintif, et qu'il a une toute petite tête de femme. Moi, je crois qu'il a une tête et une poitrine de femme et qu'il couche avec les jeunes gens.

Le soldat: Allons! Allons! Tiens-toi tranquille, et n'y pense plus.

Le jeune soldat: Peut-être qu'il ne demande rien, qu'il ne vous touche même pas. On le rencontre, on le regarde et on meurt d'amour.

Le soldat: Il te manquait de tomber amoureux du fléau public. Du reste, le fléau public... entre nous, veux-tu savoir ce que j'en pense, du fléau public?... C'est un vampire! Un simple vampire! Un bonhomme qui se cache et sur lequel la police n'arrive pas à mettre la main.

Le jeune soldat: Un vampire à tête de femme?

Le soldat: Oh! celui-là! ... Non! Non! Un vieux vampire, un vrai! Avec une barbe et des moustaches, et avec un ventre, et il vous suce le sang, et c'est pourquoi on rapporte aux familles des macchabées avec tous la même blessure, au même endroit: au cou! Et maintenant, vas-y voir si ça te chante.

Le jeune soldat: Tu dis que...

Le soldat: Je dis que... Je dis que... Hop! Le chef.

    Ils se lèvent et se mettent au garde à vous. Le chef entre.

    JEAN COCTEAU: *La Machine infernale* (1934)

34. ÉLECTRE RECONNAÎT ORESTE

Oreste: Comme tu es loin de moi, tout à coup..., comme tout est changé! Il y avait autour de moi quelque chose de vivant et de chaud. Quelque chose qui vient de mourir. Comme tout est vide... Ah! quel vide immense, à perte de vue...   *(Il fait quelques pas.)* La nuit tombe... Tu ne trouves pas qu'il fait froid?... Mais qu'est-ce donc..., qu'est-ce donc qui vient de mourir?

Électre: Philèbe...

Oreste: Je te dis qu'il y a un autre chemin..., mon chemin. Tu ne le vois pas? Il part d'ici et il descend vers la ville. Il faut descendre, comprends-tu, descendre jusqu'à vous, vous êtes au fond d'un trou, tout au fond...   *(Il s'avance vers Électre.)*   Tu es *ma* soeur, Électre, et cette ville est *ma* ville. *Ma* soeur!

    (Il lui prend le bras)

Électre: Laisse-moi! Tu me fais mal, tu me fais peur, — et je ne t'appartiens pas.

Oreste: Je sais. Pas encore: je suis trop léger. Il faut que je me leste d'un forfait bien lourd qui me fasse couler à pic, jusqu'au fond d'Argos.

Électre: Que vas-tu entreprendre?

Oreste: Attends. Laisse-moi dire adieu à cette légèreté sans tache qui fut la mienne. Laisse-moi dire adieu à ma jeunesse. Il y a des soirs, des soirs de Corinthe ou d'Athènes, pleins de chants et d'odeurs, qui ne m'appartiendront plus jamais. Des matins, pleins d'espoir aussi... Allons, adieu! adieu!   *(Il vient vers Électre)*   Viens, Électre, regarde notre ville. Elle est là, rouge sous le soleil, bourdonnante d'hommes et de mouches, dans l'engourdissement têtu d'un après-midi d'été; elle me repousse de tous ses murs, de tous ses toits, de toutes ses portes closes. Et pourtant elle est à prendre, je le sens depuis ce matin. Et toi aussi, Electre, tu es à prendre. Je vous prendrai. Je deviendrai hache et je fendrai en deux ces murailles obstinées, j'ouvrirai le ventre de ces maisons bigotes, elles exhaleront par leurs plaies béantes une odeur de mangeaille et d'encens; je deviendrai cognée et je m'enfoncerai dans le coeur de cette ville comme la cognée dans le coeur d'un chêne.

Électre: Comme tu as changé: tes yeux ne brillent plus, ils sont ternes et sombres. Hélas! Tu étais si doux, Philèbe. Et voilà que tu me parles comme l'autre me parlait en songe.

Oreste: Ecoute: tous ces gens qui tremblent dans des chambres sombres, entourés de leurs chers défunts, suppose que j'assume tous leurs crimes. Suppose que je veuille mériter le nom de «voleur de remords» et que j'installe en moi tous leurs repentirs: ceux de la femme qui trompa son mari, ceux du marchand qui laissa mourir sa mère, ceux de l'usurier qui tondit jusqu'à la mort ses débiteurs?

Dis, ce jour-là, quand je serai hanté par des remords plus nombreux que les mouches d'Argos, par tous les remords de la ville, est-ce que je n'aurai pas acquis droit de cité parmi vous? Est-ce que je ne serai pas chez moi, entre vos murailles sanglantes, comme le boucher en tablier rouge est chez lui dans sa boutique, entre les boeufs saignants qu'il vient d'écorcher?

Électre: Tu veux expier pour nous?

Oreste: Expier? J'ai dit que j'installerai en moi vos repentirs, mais je n'ai pas dit ce que je ferai de ces volailles criardes: peut-être leur tordrai-je le cou.

Électre: Et comment pourrais-tu te charger de nos maux?

Oreste: Vous ne demandez qu'à vous en défaire. Le roi et la reine seuls les maintiennent de force en vos coeurs.

Électre: Le roi et la reine... Philèbe!

Oreste: Les Dieux me sont témoins que je ne voulais pas verser leur sang. *(Un long silence)*

Électre: Tu es trop jeune, trop faible...

Oreste: Vas-tu reculer, à présent? Cache-moi dans le palais, conduis-moi ce soir jusqu'à la couche royale, et tu verras si je suis trop faible.

Électre: Oreste!

Oreste: Électre! Tu m'as appelé Oreste pour la première fois.

Électre: Oui. C'est bien toi. Tu es Oreste. Je ne te reconnais pas, car ce n'est pas ainsi que je t'attendais. Mais ce goût amer dans ma bouche, ce goût de fièvre, mille fois je l'ai senti dans mes songes et je le reconnais. Tu es donc venu, Oreste, et ta décision est prise, et me voilà, comme dans mes songes, au seuil d'un acte irréparable, et j'ai peur — comme en songe. O moment tant attendu et tant redouté! A présent, les instants vont s'enchaîner comme les rouages d'une mécanique, et nous n'aurons plus de répit jusqu'à ce qu'ils soient couchés tous les deux sur le dos, avec des visages pareils aux mûres écrasées. Tout ce sang! Et c'est toi qui va le verser, toi qui avais des yeux si doux. Hélas! jamais je ne reverrai Philèbe. Oreste, tu es mon frère aîné et le chef de notre famille, prends-moi dans tes bras, protège-moi, car nous allons au-devant de très grandes souffrances. *(Oreste la prend dans ses bras.)*

JEAN-PAUL SARTRE: *Les Mouches* (1942)

Caligula: Ah! c'est toi.

Il s'arrête, un peu comme s'il cherchait une contenance.
Il y a longtemps que je ne t'ai vu. Qu'est-ce que tu fais? Tu écris toujours? Est-ce que tu peux me montrer tes dernières pièces?

Le jeune Scipion: (mal à l'aise, lui aussi, partagé entre sa haine et il ne sait pas quoi) J'ai écrit des poèmes, César.

Caligula: Sur quoi?

Le jeune Scipion: Je ne sais pas, César. Sur la nature, je crois.

Caligula: (plus à l'aise) Beau sujet. Et vaste. Qu'est-ce qu'elle t'a fait, la nature?

Le jeune Scipion: (se reprenant, d'un air ironique et mauvais) Elle me console de n'être pas César.

Caligula: Ah! et crois-tu qu'elle pourrait me consoler de l'être?

Le jeune Scipion: (même jeu) Ma foi, elle a guéri des blessures plus graves.

Caligula: (étrangement simple) Blessure? Tu dis cela avec méchanceté. Est-ce parce que j'ai tué ton père? Si tu savais pourtant comme le mot est juste. Blessure! *(Changeant de ton)* Il n'y a que la haine pour rendre les gens intelligents.

Le jeune Scipion: (raidi) J'ai répondu à ta question sur la nature.

Caligula s'assied, regarde Scipion, puis lui prend brusquement les mains et l'attire de force à ses pieds. Il lui prend le visage dans ses mains.

Caligula: Récite-moi ton poème.

Le jeune Scipion: Je t'en prie, César, non.

Caligula: Pourquoi?

Le jeune Scipion: Je ne l'ai pas sur moi.

Caligula: Ne t'en souviens-tu pas?

Le jeune Scipion: Non.

Caligula: Dis-moi du moins ce qu'il contient.

Le jeune Scipion: J'y parlais...

Caligula: Eh bien?

Le jeune Scipion: Non, je ne sais pas...

Caligula: Essaie...

Le jeune Scipion: J'y parlais d'un certain accord de la terre...

Caligula: (l'interrompant, d'une air absorbé) ...de la terre et du pied.

Le jeune Scipion: (surpris, hésite et continue) Oui, c'est à peu près cela...

Caligula: Continue.

Le jeune Scipion: ...et aussi de la ligne des collines romaines et de cet apaisement fugitif et bouleversant qu'y ramène le soir...

Caligula: ...Du cri des martinets dans le ciel vert.

42

Le jeune Scipion: (s'abandonnant en peu plus)   Oui, encore.

Caligula: Eh bien?

Le jeune Scipion: Et de cette minute subtile où le ciel encore plein d'or brusquement bascule et nous montre en un instant son autre face, gorgée d'étoiles luisantes.

Caligula: De cette odeur de fumée, d'arbres et d'eaux qui monte alors de la terre vers la nuit.

Le jeune Scipion: (tout entier)   ...Le cri des cigales et la retombée des chaleurs, les chiens, les roulements des derniers chars, les voix des fermiers...

Caligula: ...Et les chemins noyés d'ombre dans les lentisques et les oliviers...

Le jeune Scipion: Oui, oui. C'est tout cela! Mais comment l'as-tu appris?

Caligula: (pressant le jeune Scipion contre lui)   Je ne sais pas. Peut-être parce que nous aimons les mêmes vérités.

Le jeune Scipion: (frémissant, cache sa tête contre la poitrine de Caligula)   Oh! qu'importe, puisque tout prend en moi le visage de l'amour!

Caligula: (toujours caressant)   C'est la vertu des grands coeurs, Scipion. Si, du moins, je pouvais connaître ta transparence! Mais je sais trop la force de ma passion pour la vie, elle ne se satisfera pas de la nature. Tu ne peux pas comprendre cela. Tu es d'un autre monde. Tu es pur dans le bien, comme je suis pur dans le mal.

Le jeune Scipion: Je peux comprendre.

Caligula: Non. Ce quelque chose en moi, ce lac de silence, ces herbes pourries. *(Changeant brusquement de ton)*   Ton poème doit être beau. Mais si tu veux mon **avis**...

Le jeune Scipion: (même jeu)   Oui.

Caligula: Tout cela manque de sang.

Scipion se rejette brusquement en arrière et regarde Caligula avec horreur. Toujours reculant, il parle d'une voix sourde, devant Caligula qu'il regarde avec intensité.

Le jeune Scipion: Oh! le monstre, l'infect monstre. Tu as encore joué. Tu viens de jouer, hein? Et tu es content de toi?

Caligula: (avec un peu de tristesse)   Il y a du vrai dans ce que tu dis. J'ai joué.

Le jeune Scipion: (même jeu)   Quel coeur ignoble et ensanglanté tu dois avoir. Oh! comme tant de mal et de haine doivent te torturer!

Caligula: (doucement)   Tais-toi, maintenant.

Le jeune Scipion: Comme je te plains et comme je te hais!

Caligula: (avec colère)   Tais-toi.

Le jeune Scipion: Et quelle immonde solitude doit être la tienne!

Caligula: (éclatant, se jette sur lui et le prend au collet; il le secoue)   La solitude! Tu la connais, toi, la solitude? Celle des poètes et des impuissants. La solitude? Mais laquelle? Ah! tu ne sais pas que seul, on ne l'est jamais! Et que partout le même poids d'avenir et de passé nous

43

accompagne! Les êtres qu'on a tués sont avec nous. Et pour ceux-là, ce scrait encore facile. Mais ceux qu'on a aimés, ceux qu'on n'a pas aimés et qui vous ont aimé, les regrets, le désir, l'amertume et la douceur, les putains et la clique des dieux. *(Il le lâche et recule vers sa place.)* Ah! si du moins, au lieu de cette solitude empoisonnée de présences qui est la mienne, je pouvais goûter la vraie, le silence et le tremblement d'un arbre! *(Assis, avec une soudaine lassitude)* La solitude! Mais non, Scipion. Elle est peuplée de grincements de dents et tout entière retentissante de bruits et de clameurs perdues. Et près des femmes que je caresse, quand la nuit se referme sur nous et que je crois, éloigné de ma chair enfin contentée, saisir un peu de moi entre la vie et la mort, ma solitude entière s'emplit de l'aigre odeur du plaisir aux aisselles de la femme qui sombre encore à mes côtés.

ALBERT CAMUS: *Caligula* (1945)

36. DIPLOMATIE PORTUGAISE

Ferrante assis sur son trône. Egas Coelho et don Eduardo assis à une table à gauche. Alvar Gonçalvès assis à une table à droite. Ils ont devant eux des manuscrits:

Ferrante: La dépêche pour les cortès de Catalogne...

Alvar Gonçalvès *(l'ayant lue):* Il me semble que don Eduardo y exagère un peu la misère du royaume.

Ferrante: Sur mes indications. De quoi s'agit-il? D'obtenir. Et se plaindre est un des moyens d'obtenir. La pitié est d'un magnifique rapport.

Egas Coelho: Puis-je me permettre une observation? Puisque dans cette lettre nous employons des procédés qui sont légitimes entre princes, mais qui, entre particuliers, seraient tenus pour atroce perfidie, je souhaiterais que Votre Majesté y parlât de notre honneur.

Ferrante: Vous avez raison. C'est quand la chose manque, qu'il faut en mettre le mot. Don Eduardo, vous recommencerez cette lettre et vous y introduirez le mot «honneur». Une fois seulement. Deux fois, personne n'y croirait plus.

Alvar Gonçalvès: Mais, au contraire, si vous vous trouvez jamais devant l'Infante, surtout, ne lui parlez pas d'honneur. Elle pense qu'elle est seule au monde à se faire une notion de l'honneur. En lui en parlant, vous vous exposeriez à de cruels sarcasmes.

Don Eduardo: Je sais que son Altesse souffre avec impatience tout ce qui n'est pas d'elle.

Ferrante: N'aimez-vous pas l'Infante, don Alvar?

Alvar Gonçalvès: Je l'aime extrêmement, et ce que je viens d'en dire est de ces petits traits que seule décoche la sympathie.

44

Ferrante: J'aime que vous l'aimiez. Elle m'en est plus chère.

Egas Coelho: Une menace, une promesse; une insolence, une courtoisie: cette balance est celle des affaires. Mais don Eduardo, dans la dépêche aux cortès, ne donne-t-il pas trop à la gracieuseté? Cette lettre n'est pas assez énergique.

Ferrante: Je répugne au style comminatoire, parce qu'il engage. Je préfère le style doucereux. Il peut envelopper tout autant de détermination solide que le style énergique, et il a l'avantage qu'il est plus facile de s'en dégager.

Alvar Gonçalvès: Nous sommes tous saisis d'admiration par la phrase de don Eduardo relative à la récolte de blé de l'an dernier. Sous la plume de don Eduardo, la contre-vérité devient un véritable bonbon pour l'esprit.

Don Eduardo: Ce n'est pas tout de mentir. On doit mentir efficacement. On doit mentir aussi élégamment. Hélas, que d'obligations imposées aux pauvres mortels! Il faut être dans la mauvaise foi comme un poisson dans l'eau.

Ferrante: Il ne faut pas être dans la mauvaise foi comme un poisson dans l'eau, mais comme un aigle dans le ciel.— Maintenant, messieurs, je vais vous apprendre une nouvelle qui sans doute vous surprendra: je suis décidé à traiter avec le roi d'Aragon.

Egas Coelho: Après tout ce que vous avez dit! Vos doutes! Vos appréhensions!

Ferrante: Ce que j'ai dit ne compte jamais. Seul compte ce que j'écris. Encore, bien entendu, est-ce une façon de parler. Ainsi j'ai été occupé toute la matinée à faire dans le projet du traité les trous par lesquels je compte m'évader de mes obligations. Hélas, à ce jeu on ne bat pas Fernand d'Aragon. Je ne sais où sa félonie arrivera à se glisser dans notre accord, pour le retourner contre moi, mais je sais qu'elle y parviendra. Je cherche en vain le défaut de l'armure, mais je suis certain qu'il existe, et qu'Aragon le trouvera.

Egas Coelho: Alors, ne signez pas! Examinons encore.

Alvar Gonçalvès: Il y a déjà quatre mois que nous examinons.

Ferrante: Puisqu'il fallait lui céder, du moins l'ai-je fait attendre.

Egas Coelho: Sire, je vous en prie: avec de telles craintes, ne signez pas!

Ferrante: J'ai conscience d'une grande faute; pourtant je suis porté invinciblement à la faire. Je vois l'abîme, et j'y vais.

Egas Coelho: Arrêtez-vous!

Ferrante: Il y a deux sortes de conseillers. Ceux qui n'ont pas d'opinion personnelle, et s'ingénuent à prendre notre point de vue et à le soutenir, par courtisanerie. Et ceux qui ont une opinion personnelle, à quoi ils se tiennent, dont nous n'écoutons pas l'exposé qu'avec humeur, en faisant ensuite à notre tête. C'est dire que ces deux sortes de conseillers sont également inutiles. Et cependant, celui qui aime de prendre conseil a beau s'apercevoir qu'on le conseille toujours en vain, il prendra conseil jusqu'au bout. Pareillement, on peut connaître qu'un acte est pis qu'inutile, nuisible; et le faire quand même. Cet exemple vous plaît-il? Quoi qu'il en soit ma décision est prise. Qu'on ne m'en parle plus.

HENRY DE MONTHERLANT: *La Reine morte* (1942)

37. UNE FAMILLE RÉCLAME UN AMNÉSIQUE

Mme Renaud, entrant dans la chambre: Jacques...

Gaston, sans bouger: Oui.

Mme Renaud: Devine qui vient de venir?... Ah, c'est une audace.

Gaston, las: Je n'ai déjà pas de mémoire, alors... les devinettes...

Mme Renaud: Tante Louise, mon cher! Oui, tante Louise!

Gaston: Tante Louise. Et c'est une audace?...

Mme Renaud: Ah! Tu peux m'en croire... Après ce qui s'est passé! J'espère bien que tu me feras le plaisir de ne pas la revoir si elle tentait de s'approcher malgré nous. Elle s'est conduite d'une façon!... Et puis d'ailleurs tu ne l'aimais pas. Oh! mais quelqu'un de la famille que tu détestais, mon petit, tu avais pour lui une véritable haine, justifiée d'ailleurs, je dois le reconnaître, c'est ton cousin Jules.

Gaston, toujours sans bouger: J'ai donc une véritable haine que je ne savais pas.

Mme Renaud: Pour Jules? Mais tu ne sais pas ce qu'il t'a fait, le petit misérable? Il t'a dénoncé au concours général parce que tu avais une table de logarithmes... C'est vrai, il faut bien que je te raconte toutes ces histoires, tu serais capable de leur faire bonne figure, à tous ces gens, toi qui ne te souviens de rien!... Et Gérard Dubuc qui viendra sûrement te faire des sucreries... Pour entrer à la Compagnie Filière où tu avais beaucoup plus de chances que lui d'être pris à cause de ton oncle, il t'a fait éliminer en te calomniant auprès de la direction. Oui, nous avons su plus tard que c'était lui. Oh! mais j'espère bien que tu lui fermeras la porte, comme à certains d'autres que je te dirai et qui t'ont trahi ignoblement.

Gaston: Comme c'est plein de choses agréables, un passé!...

Mme Renaud: En revanche, quoiqu'elle soit un peu répugnante depuis qu'elle est paralytique, la pauvre, il faudra bien embrasser la chère Madame Bouquon. Elle t'a vu naître.

Gaston: Cela ne me paraît pas une raison suffisante.

Mme Renaud: Et puis c'est elle qui t'a soigné pendant ta pneumonie, quand j'étais malade en même temps que toi. Elle t'a sauvé, mon petit!

Gaston: C'est vrai, il y a aussi la reconnaissance. Je n'y pensais plus, à celle-là.

Un temps

46

Des obligations, des haines, des blessures... Qu'est-ce que je croyais donc que c'était, des souvenirs? *Il s'arrête, réfléchit* C'est juste, j'oubliais des remords. J'ai un passé complet, maintenant. *Il sourit drôlement, va à elle.* Mais vous voyez que je suis exigeant. J'aurais préféré un modèle avec quelques joies. Un petit enthousiasme aussi si c'était possible. Vous n'avez rien à m'offrir?

Mme Renaud: Je ne te comprends pas, mon petit.

Gaston: C'est pourtant bien simple. Je voudrais que vous me disiez une de mes anciennes joies. Mes haines, mes remords ne m'ont rien appris. Donnez-moi une joie de votre fils, que je voie comment elle sonne en moi

Mme Renaud: Oh! ce n'est pas difficile. Des joies, tu en as eu beaucoup, tu sais... Tu as été tellement gâté!

Gaston: Eh bien, j'en voudrais une.

Mme Renaud: Bon. C'est agaçant quand il faut se rappeler comme cela d'un coup, on ne sait que choisir...

Gaston: Dites au hasard.

Mme Renaud: Eh bien, tiens, quand tu avais douze ans...

Gaston, l'arrête: Une joie d'homme. Les autres sont trop loin.

Mme Renaud, soudain gênée: C'est que... tes joies d'homme... Tu ne me les disais pas beaucoup. Tu sais, un grand garçon! Tu sortais tellement. Comme tous les grands garçons... Vous étiez les rois à cette époque. Tu allais dans les bars, aux courses... Tu avais des joies avec tes camarades, mais avec moi...

Gaston: Vous ne m'avez jamais vu joyeux devant vous?

Mme Renaud: Mais tu penses bien que si! Tiens, le jour de tes derniers prix, je me rappelle...

Gaston, le coupe: Non, pas les prix! Plus tard. Entre le moment où j'ai posé mes livres de classe et celui où l'on m'a mis un fusil dans les mains; pendant ces quelques mois qui devaient être, sans que je m'en doute, toute ma vie d'homme.

Mme Renaud: Je cherche. Mais tu sortais tellement, tu sais. Tu faisais tellement l'homme...

Gaston: Mais enfin, à dix-huit ans, si sérieusement qu'on joue à l'homme, on est encore un enfant! Il y a bien eu un jour une fuite dans la salle des bains que personne ne pouvait arrêter, un jour où la cuisinière a fait un barbarisme formidable, où nous avons rencontré un receveur de tramway comique... J'ai ri devant vous. J'ai été content d'un cadeau, d'un rayon de soleil. Je ne vous demande pas une joie débordante... une toute petite joie. Je n'étais pas neurasthénique?

Mme Renaud, soudain gênée: Je vais te dire, mon petit Jacques... J'aurais voulu t'expliquer cela plus tard, et plus posément... Nous n'étions plus en très bons termes à cette époque, tous les deux... Oh! c'était un enfantillage! Avec le recul, je suis sûre que cela va te paraître beaucoup plus grave que cela ne l'a été. Oui, à cette époque

47

précisément, entre le collège et le régiment, nous ne nous adressions pas la parole.

Gaston: Ah!

Mme Renaud: Oui. Oh! pour des bêtises, tu sais.

Gaston: Et... cela a duré longtemps, cette brouille?

Mme Renaud: Presque un an.

JEAN ANOUILH: *Voyageur sans bagage* (1936)

38. LEÇON DE PHONOLOGIE

Le Professeur: Mais ne nous attardons pas dans les généralités.

L'Élève: regrettant, séduite: Oh, Monsieur...

Le Professeur: Cela a l'air de vous intéresser. Tant mieux, tant mieux.

L'Élève: Oh, oui, Monsieur.

Le Professeur: Ne vous inquiétez pas, Mademoiselle. Nous y reviendrons plus tard... A moins que ce ne soit plus du tout. Qui pourrait le dire?

L'Élève, enchantée, malgré tout: Oh oui, Monsieur.

Le Professeur: Toute langue, Mademoiselle, sachez-le, souvenez-vous en jusqu'à l'heure de votre mort...

L'Élève: Oh oui, Monsieur, jusqu'à l'heure de ma mort... Oui, Monsieur...

Le Professeur: ...et ceci est encore un principe fondamental, toute langue n'est en somme qu'un langage, ce qui implique nécessairement qu'elle se compose de sons, ou...

L'Élève: Phonèmes...

Le Professeur: J'allais vous le dire. N'étalez donc pas votre savoir. Ecoutez plutôt.

L'Élève: Bien, Monsieur. Oui, Monsieur.

Le Professeur: Les sons, Mademoiselle, doivent être saisis au vol par les ailes pour qu'ils ne tombent pas dans les oreilles des sourds. Par conséquent, lorsque vous vous décidez d'articuler, il est recommandé, dans la mesure du possible, de lever très haut le cou et le menton, de vous élever sur la pointe des pieds, tenez, ainsi, vous voyez...

L'Élève: Oui, Monsieur.

Le Professeur: Taisez-vous. Restez assise, n'interrompez pas... Et d'émettre les sons très haut et de toute la force de vos poumons associée à celle de vos cordes vocales. Comme ceci, regardez: «Papillon», «Euréka», «Trafalgar», «papi, papa». De cette façon, les sons remplis d'un air chaud plus léger que l'air environnant voltigeront, voltigeront sans plus risquer de tomber dans les oreilles des sourds qui sont les véritables gouffres, les tombeaux des sonorités. Si vous émettez plusieurs sons à une vitesse accélérée, ceux-ci s'agripperont les uns aux autres automatiquement, constituant ainsi des syllabes, des mots, à la rigueur des phrases, c'est-à-dire des groupements plus ou moins importants, des assemblages purement irrationels de sons, dénués de tout sens, mais justement pour cela capables de se maintenir sans danger à une altitude élevée dans les airs. Seuls, tombent les mots chargés de signification, alourdis par leur sens, qui finissent par succomber, s'écrouler...

L'Élève: ...dans les oreilles des sourds.

Le Professeur: C'est ça, mais n'interrompez pas... et dans la pire confusion... Ou par crever comme des ballons. Ainsi donc, Mademoiselle, ... *(L'Élève a soudain l'air de souffrir.)* Qu'avez-vous donc?

L'Élève: J'ai mal aux dents, Monsieur.

Le Professeur: Ça n'a pas d'importance. Nous n'allons pas nous arrêter pour si peu de chose. Continuons...

L'Élève, qui aura l'air de souffrir de plus en plus: Oui, Monsieur.

Le Professeur: J'attire au passage votre attention sur les consonnes qui changent de nature en liaison. Les *f* deviennent en ce cas des *v*, les *d* des *t*, les *g* des *k* et vice versa, comme dans les exemples que je vous signale: «trois heures, les enfants, le coq au vin, l'âge nouveau, voici la nuit».

L'Élève: J'ai mal aux dents.

Le Professeur: Continuons.

L'Élève: Oui.

Le Professeur: Résumons: pour apprendre à prononcer, il faut des années et des années. Grâce à la science, nous pouvons y arriver en quelques minutes. Pour faire donc sortir les mots, les sons et tout ce que vous voudrez, sachez qu'il faut chasser impitoyablement l'air des poumons, ensuite le faire délicatement passer, en les effleurant, sur les cordes vocales, qui, soudain, comme des harpes ou des feuillages sous le vent, frémissent, s'agitent, vibrent, vibrent, vibrent ou grasseyent, ou chuintent ou se froissent, ou sifflent, sifflent en mettant tout en mouvement: luette, langue, palais, dents...

L'Élève: J'ai mal aux dents.

Le Professeur: ...lèvres... Finalement les mots sortent par le nez, la bouche, les oreilles, les pores, entraînant avec eux tous les organes que nous avons nommés, déracinés, dans un envol puissant, majestueux, qui n'est autre que ce qu'on appelle, improprement, la voix, se modulant en chant ou se transformant en un terrible orage symphonique avec tout un cortège... des gerbes de fleurs des plus variées, d'artifices sonores: labiales, dentales, occlusives, palatales et autres, tantôt caressantes, tantôt amères ou violentes.

L'Élève: Oui, Monsieur, j'ai mal aux dents.

EUGÈNE IONESCO: *La Leçon* (1951)

39. UN POÈTE DE SEPT ANS

Il m'avait suffi, au retour de l'école, du reflet sur le trottoir de ces boutiques du cours Victor Hugo (qui, pour ma famille, s'appelait encore le cours des Fossés). Qu'elles feraient pitié aux écoliers d'aujourd'hui, à ceux de Paris surtout, ces devantures où luisaient des jouets de petits pauvres, des sucreries suspectes. Je courais comme un fou, laissant derrière moi Octavie, qui était venue me chercher. J'écrasais mon nez contre la vitre qui me séparait de ces merveilles. Non qu'elles me fissent vraiment envie. J'adorais en elles un signe. Quel signe?

Qu'était-ce donc? Il y avait cette odeur d'asphalte mouillé. Je ne retrouve rien d'autre en moi que cette odeur qui accompagnait ma joie, mais qui n'en pouvait être la cause. Il n'existait pas de cause. Les poètes de sept ans (c'est un titre de Rimbaud) détiennent un pouvoir de transfiguration qui fait bon marché des apparences. Le réel leur en fournit toujours assez pour susciter ce monde secret où ils se meuvent seuls.

Aujourd'hui, je fais semblant de ne pas voir, de ne pas entendre ce petit-fils qui joue près de moi. Je m'interdis de pénétrer par effraction dans le songe où il marche tout éveillé, mais sans me voir. Il cache ses trésors, et le bouton de nacre qu'il ramasse concentre pour lui seul tous les feux d'une aurore. Il ne sait pas que cette aurore errera toute sa vie au bas de son ciel, et que, vieillard, il la verra resplendir encore, lorsqu'il tournera la tête une dernière fois.

Cette nébuleuse de l'enfance a beau porter en suspens tous les chagrins d'un écolier chétif, toutes ses terreurs, toutes les larmes répandues en secret, et Dieu sait que je n'en fus pas avare! Elle n'en recèle pas moins le mystère d'une joie si aiguë, si pénétrante qu'à travers l'épaisseur des années sa pointe m'atteint encore — une joie dont Noël n'était que le prétexte. L'hiver humide et doux de Bordeaux l'enveloppait de ce brouillard d'avant que le monde fût empuanti par le pétrole: c'était l'haleine même de la chaste nuit et du fleuve sombre, à l'instant et au lieu où il est près d'embrasser l'océan et de s'anéantir dans ces abîmes, avec tout ce qu'il a reflété de coteaux, de m .isons et de visages.

Ce vers me revient d'un poète da ma jeunesse, je crois que c'était Henry Bataille:

Mon enfance, adieu mon enfance! Je vais vivre!

Il ne savait pas que cette enfance, à laquelle il disait adieu, nous accompagne jusqu'à la fin, jusqu'au jour, jusqu'au soir où nous lui dirons: «Adieu, mon enfance, je vais mourir.» Mais même alors il n'y aura pas encore d'adieu. La joie folle qui me faisait courir — et puis, le front contre une vitrine éclairée chichement, je reprenais haleine — elle sera là au bord des ténèbres, je la retrouverai, je monterai dans la barque en serrant dans mes bras un poète de sept ans.

51

Nous partirons ensemble pour retrouver la source. Nous l'atteindrons par-delà les pauvres devantures, l'odeur du trottoir mouillé, l'estuaire immense, par-delà l'océan qui ronge les dunes. Nous remonterons jusqu'à la cause de notre joie. Éternelle enfance de Dieu! Et je saurai alors pourquoi, il y a soixante ans, dans le brouillard de ce vieux quartier, je courais à perdre le souffle, je bondissais comme un chevreau.

FRANÇOIS MAURIAC: *Mémoires intérieures* (1959)

40. SOUVENIRS DU LYCÉE LOUIS-LE-GRAND

Dans mon année de rhétorique (on ne disait pas encore de première) deux maîtres, surtout, agirent sur mon esprit.

M. Hatzfeld, l'auteur du *Dictionnaire général de la langue française,* était un lexicographe ironique. J'ai songé plus d'une fois à la sévérité avec laquelle il m'aurait jugé s'il avait lu certains documents officiels que je signerais (spécialement au Ministère de l'Instruction Publique). Le style — si l'on peut ainsi dire — des journaux l'indignait; il nous en citait parfois, avec férocité, les bulletins financiers qu'il rendait responsables, pour partie, de la déformation du langage; ce n'est pas leur seul méfait. «Les fonds étrangers sont peu affairés mais les fonds ottomans sont bien disposés. L'Unifié ne maintient pas son avance. Le Crédit foncier égyptien s'est montré animé. Les caoutchoucs sont plus fermes que les sucres.» Ces expressions l'irritaient. Il professait la haine du superlatif, pratiquait envers la langue une politesse exacte et mesurée, manifestait à la lecture de certains contemporains l'indignation d'un seigneur aux prises avec la roture et, concentré, méprisant, criblait d'épigrammes acérées les plus illustres fatras. Adolphe s'est consacré à l'histoire des mots; il tient que leurs changements sont commandés par les lois de la pensée; pour expliquer l'usage moderne, il remonte à l'ancien français, au bas latin, au haut allemand; entendez-le commenter le mot *gagner* ou le mot *timbre;* il affirme que les prononciations elles-mêmes et les formes obéissent à des règles constantes; dans les plus menus faits de la vie du langage, il prétend découvrir l'effort des peuples vers l'analyse; aux inventions souvent stériles des grammariens il oppose les créations toujours fécondes du vulgaire; il se meut avec aisance parmi les étymologies, les définitions et les exemples. Il raille Chateaubriand lorsqu'il fait dire à Chactas: «Je sentis une larme d'Atala tomber sur mon sein. Orages du cœur, est-ce une goutte de votre pluie?» Il admire Gros René rendant à Marinette son beau «galant de neige», son nœud de rubans. Il soutient qu'il n'y a pas de synonymes. «Vous saurez peut-être un peu de français, nous dit-il; mais vous ne saurez jamais le français.» Adolphe est un puriste.

Il fallait plus d'espace à M. Gustave Merlet pour étaler, dans leur luxuriance, ses pensées. Toute l'Université connaissait son *Tableau de la*

52

littérature française entre 1800 et 1815 et ses *Etudes littéraires* suivies d'extraits, qui ont dispensé tant de générations d'élèves — ou de professeurs, — du souci des idées. Je ne suis pas assuré que son collègue Adolphe Hatzfeld appréciât à l'excès son genre fleuri, son goût pour les formules éclatantes, une manière de pindarisme continu, l'usage fréquent des rapprochements, une certaine complaisance pour l'exclamation. Il comparait, comparait, comparait. Tirésias, aveugle et courbé sur son bâton, qu'Oedipe appelle au seuil de son palais pour découvrir la vérité sur le meurtre de Laïos, il le retrouve dans cette scène du *Don Carlos* de Schiller où le Grand Inquisiteur sort de sa cellule pour annoncer l'avenir. La vierge Pandore, modelée par Héphaistos, avec la boîte fatale d'où tous les maux s'échappent et se répandent sur la terre, devenait une Ève païenne. Pour quelles raisons convenait-il d'appeler Hésiode, «le Franklin de la Béotie», j'avoue l'avoir oublié. Mais Prométhée, enchaîné sur la montagne de Scythie, garrotté par le forgeron boiteux, n'est-ce pas déjà le Rédempteur? Cette rencontre du mythe païen et de l'enseignement chrétien faisaient naître dans l'esprit d'un jeune rhétoricien bien des inquiétudes.

EDOUARD HERRIOT: Jadis (1948)

41. DIFFICULTÉS D'EXPLOITER UNE MINE

Pendant que je découvrais le monde en escaladant les montagnes, mon père continuait à suivre ses rêves. Les soucis n'étaient rien pour lui. Il passait d'un projet modeste à des projets grandioses. Insoucieux du présent, anxieux de l'avenir, il se détournait de ces projets pour en suivre d'autres, chaque fois plus merveilleux. Peu d'années après les enchères à la bougie, il acheta même une concession minière, aux confins du bassin houiller des Cévennes, à côté du village de Cavillargues.

C'est toujours une gigantesque entreprise qu'd'exploiter une mine, même quand c'est une petite mine de rien de tout, comme était la nôtre. Il faut ouvrir un puits, pousser des galeries, installer des treuils et des wagonnets. La mine ouverte, il faut faire tourner les équipes, surveiller leur sécurité, boiser les galeries, disposer des pompes à eau et des manches d'aération... Mon père fit tout cela, et je suis vraiment descendu au fond de cette mine de Cavillargues, ce qui me donne à penser, encore aujourd'hui, qu'elle n'a pas été une simple rêverie, un projet ajouté à d'autres projets, un mirage engendré par l'imagination paternelle.

Un désert limoneux s'étendait autour de la mine. De maigres bois surplombaient des ruisseaux morts, bordés de falaises jaunes. C'est dans une de ces falaises qu'un premier filon affleurait à ciel ouvert, mais il était mince et s'amincissait encore en plongeant sous le toit des roches. Au bout de quelques mètres, ce n'était déjà plus qu'un ruisselet de charbon dont l'extraction n'était pas rentable. Les deux maîtres mineurs affirmaient qu'un second filon s'étendait au delà de cette muraille.

«Il faut aller le chercher en travers-banc», expliquaient-ils à mon père.

Ce n'était pas, comme je l'ai cru longtemps, une formule magique, ouvrant des cavernes dans les montagnes. C'était un travail cyclopéen, qu'il fallait conduire avec la poudre et le fer. Mon père eut l'audace de l'entreprendre. Les maîtres mineurs attaquèrent le rocher. Je descendais dans le puits pour les voir bourrer les charges et je remontais avec eux, au dernier moment, quand ils allumaient les mèches.

Ces travaux dévoraient les ressources de mon père, qui jouait aux quatre coins pour payer ses échéances et semblait poursuivre un nouveau rêve au fond des entrailles de la terre. Un jour, pourtant, le travers-banc s'ouvrit sur une nouvelle veine, et les wagonnets remontèrent à pleine charge.

«Nous sommes sauvés!» dit papa, comme si nous avions échappé à l'effondrement d'une des galeries de la mine.

Le charbon s'entassait sur notre carreau, mais il se révéla d'une qualité particulière. Il était si flambant qu'il prenait feu tout seul, dès qu'il était entassé dans les grands wagons du P.-L.-M. Ces combustions spontanées n'arrangeaient pas nos affaires. Notre charbon brûlait avec une odeur de soufre qui donnait à penser que le diable était de la partie. L'eau des pluies, loin d'éteindre ces incendies, en redoublait la violence. Mon père se débattait contre ce nouveau coup du sort, mais il ne pouvait pas empêcher son charbon de prendre feu, pas plus qu'il ne pouvait courir après les wagons pour étouffer ces brasiers. C'est ainsi que nos millions arrachés aux profondeurs de la terre disparaissaient en fumée!

ANDRÉ CHAMSON: *Le Chiffre de nos jours* (1954)

42. VERTUS D'UNE MÈRE

J'ai fait l'éloge de sa modestie: entre toutes ses vertus, c'est celle que je mettrais la première. Elle l'exerçait dans les moindres occasions de la vie quotidienne, avec une bonne grâce qui ne se démentait pas. Les domestiques en profitaient pour avoir les coudées franches, et mon père la grondait de ne pas savoir commander: elle savait, mais ne voulait pas. A ses yeux, cela faisait partie de la charité chrétienne, et sa charité commençait à la cuisine. Elle s'imposait de participer ou de présider à la confection des plats. Sur ses vieux ans, comme il lui était ordonné, pour l'état de son coeur, de monter et de descendre le moins possible, on lui avait installé une petite cuisine de plain-pied; car, à Alet aussi bien qu'à Toulouse, les cuisines étaient au sous-sol. La gourmandise, finalement, y trouvait son compte: ces «petits plats» qu'elle préparait — si petits, que mon père suggérait de les tirer à la courte-paille — étaient des choses exquises, telles que je n'en ai goûté que de sa main.

Cette charité chrétienne qu'elle observait dans les détails du ménage, avait des applications infinies. Je ne me souviens pas de l'avoir entendue médire de personne, et elle n'aimait pas qu'on médît. Elle ne se défiait, non plus, de personne; elle ne pouvait fermer un tiroir à clef. Elle semblait ignorer l'existence du mal. Peut-être l'admettait-elle dans une éducation négligée. Mais dans celle qui lui était confiée ou qu'elle confiait aux bons pères! Par quel biais, par quel bout, le mal ou le Malin auraient-ils su me prendre?

Nous recueillîmes à Toulouse, durant la guerre, le fils d'une de mes amies de Paris. Il avait commencé sagement par suivre les cours d'un collège religieux; puis, il planta là ses études et ses hôtes pour «vivre sa vie». Le couple qui était à notre service, avait une imagination ardente, qui se donna libre cours aux dépens de l'aventureux jouvenceau: tantôt le valet l'avait rencontré, entre deux gendarmes et les menottes aux poings; tantôt la servante, qui prétendait connaître son repaire, nous décrivait ses effrayants compagnons de débauche — hommes habillés en femmes, femmes habillées en hommes. Je savais, hélas! que tout était possible et ne fus rassuré qu'après avoir fait faire une enquête; mais ma chère maman n'avait pas mis en doute un instant l'invraisemblance de ces histoires: elle en avait ri comme d'une farce, qui s'achèverait par le retour de l'enfant prodige, sans l'intervention des gendarmes.

Sa naïveté était faite de pureté, autant que de bon sens: elle ignorait l'existence du mal, parce qu'elle était convaincue que le bien finit par triompher.

C'est seulement dans les questions d'argent qu'elle était vraiment naïve. Pour la prévenir contre sa naïveté, il fallait ne jamais lui laisser de somme importante. Non pas qu'elle l'eût employée à des dépenses frivoles: elle avait une échelle des valeurs, fondée à la fois sur sa mystique et sur son absence de besoins. Elle eût donné des milliers de francs pour des messes, aussi naturellement qu'elle donnait dix sous à un pauvre.

ROGER PEYREFITTE: *La Mort d'une mère* (1950)

43. UN ANCIEN POSTIER PROFESSEUR DE L'UNIVERSITÉ

Un des acquis les moins contrecontestés de la contestation universitaire est bien celui-ci: le cours *ex cathedra* a vécu, le professeur ne professera plus. On n'a pas encore très bien compris en quoi consistera désormais son apport: il guidera, conseillera, aiguillera, orientera, mais discrètement, dans la coulisse, parce qu'il ne ferait pas beau voir qu'on aboutisse à un nouveau dirigisme, et que le mot proscrit d' «expérience» reprenne droit de cité.

Moi, je veux bien. Mais je songe avec une certaine nostalgie au temps où nous, devenus depuis les croulants, occupions les hémicycles, et où celui qui nous faisait face, seul, pouvait avoir droit, s'il le méritait, à quelque chose qui s'appelait le respect, ou l'admiration, voire la vénération. Et j'avoue que c'est là un sentiment qui savait rendre heureux, inexplicablement.

C'est ainsi que récemment est réapparu deux fois devant moi, comme s'il vivait encore, cet homme étonnant et ignoré, méconnu, qui m'initia jadis à l'Université de Berne à la psychologie du comportement: Carlo Sganzini. Sans doute son nom n'évoque-t-il rien pour mes lecteurs, et chercherait-on en vain ses ouvrages dans les bibliothèques. C'était un homme de parole, et non de plume. Mais «parole» ici équivalait à «action».

Il entrait en coup de vent par la petite porte du fond et montait à son pupitre, maigre, long, vêtu de sombre, chassant comme il eût fait d'une mouche sa mèche rebelle couleur de neige. Avec son cou décharné d'oiseau de proie et son nez à l'arête aiguë, c'était un aigle dans son aire. Il promenait à travers l'auditoire son regard perçant derrière des lunettes sans monture, et un torrent verbal déferlait sur nous. Au début, nous avions été affolés: ce Tessinois qui parlait un allemand étrangement scandé, tombant tout à coup au milieu d'une période dans un français martelé, était pourvu d'un organe tel qu'on aurait juré qu'un amplificateur multipliait dix fois une voix humaine. Il en aurait remontré à Hitler. A deux cents mètres de l'Université, toutes fenêtres fermées, on l'entendait vociférer, et les initiés souriaient.

Si de prime abord ses éclats de voix nous avaient bouleversés, les idées qu'il énonçait nous plongeaient dans le désarroi. Un monde clos, où nous n'avions pas accès. Nous prenions des notes par routine; mais rien ne pénétrait dans notre conscience. Au bout de quelques semaines, le voile commença à s'écarter, puis se déchira. En ces fins d'après-midi d'hiver, derrière la géometrie des fenêtres givrées, je nous revois, humbles disciples dont les yeux se dessillaient, découvrir sous ce flot de paroles les structures de l'âme — de notre âme. Je ne vais pas essayer de résumer ici les théories de Carlo Sganzini. Qu'il me suffise de rendre hommage à cet homme qui m'a fourni une grille pour déchiffrer l'homme. Il était un maître au vrai sens du mot. Incapable d'ailleurs de se mettre à notre niveau. D'aucuns auraient dit que ce spécialiste de la psychologie du comportement était un inadapté. Dans les séminaires, il était falot, aux examens, paralysant. Il était pour nous une sorte de surhomme, qui n'existait que dans sa chaire, et que nous vénérions sans oser l'aimer. Des semi-légendes circulaient sur son compte: ancien postier — autodidacte — farouchement refractaire à toute subordination à un système existant: il n'était que lui-même: un «type».

GABRIELLE FAURE; *La Tribune de Genève,* 31 mars 1969.

44. KARL JASPERS

La pensée de Karl Jaspers n'est pas un système; c'est un lieu de communication humaine, dans le danger et le risque. Lorsque le jeune

56

Jaspers, assistant volontaire à la clinique psychiatrique de Heidelberg, échange avec ses collègues, dans les corridors, des billets d'information mutuelle sur le travail en cours; lorsque, dans le grand silence du nazisme, il subsiste, entre sa femme et lui, dans la maison de Heidelberg, un échange sans réserve d'idées, une correspondance interne pour construire une oeuvre qui n'a presque aucune chance de voir le jour, c'est de cette communication qu'il s'agit, et Jaspers déclare lui-même que ses oeuvres ont pour point de départ, non un schème unique, mais une variété de notes prises ici ou là, liant la pensée à la situation du moment. Méthode de botaniste, dit-il, soucieuse de découvrir les espèces sur le terrain et ne préjugeant pas de types fixes.

Mais ce qui anime cette pensée, ce qui lui donne sa force, c'est une fierté, un courage, une joie inépuisable, non pas forcés dans une attitude stoïque, mais procédant directement du coeur et de l'esprit. Parler avec Jaspers, c'était voir disparaître d'emblée les faux obstacles et les chimères, pour envisager le chemin à suivre, une méthode, et les vrais obstacles qu'on peut y rencontrer. Lorsque j'étais en Allemagne en 1949, assombri par le spectacle des villes détruites et la tristesse de la vie, ruminant des plans pour changer le monde, Jaspers, qui venait de Bâle parler à l'Université de Heidelberg de la raison et de la déraison, m'a montré une voie à suivre, non en éclairant d'une spécieuse lumière le pays dévasté et mon esprit inquiet, mais en dissipant la fascination imaginaire de la situation.

Un fait marque très tôt la vie d'un jeune homme pour qui l'existence, dans le cadre assez paisible d'une principauté allemande du XIXe siècle, aurait pu aller de soi: c'est la maladie. Atteint de bronchectases et d'insuffisance cardiaque dès son enfance, Jaspers apprend que les pronostics médicaux lui prédisent la mort avant la trentaine. Le jeune homme, rejeté sur lui-même, découvre à la fois la précarité de la vie et une exigence inconditionnée de vérité envers soi et les autres qu'aucune puissance extérieure ne peut détruire, un vrai courage. Lorsque, après avoir passé ses examens de médecine en 1909, Jaspers s'engage dans la psychiatrie, il entre dans une communauté qui travaille aux frontières de la compréhension de l'homme, dans un domaine où la théorie doit être liée à tout moment à une proxis, où rien ne va de soi. C'est dans ce milieu que s'élabore la pensée de Jaspers, sans aucun projet, à cette époque, d'une philosophie. La *Psychopathologie générale, guide pour les étudiants, médecins et psychologues,* qu'il publie en 1913, est une oeuvre scientifique où Jaspers, utilisant les méthodes de la description phénoménologique de Husserl et de la psychologie de la compréhension de Dilthey, montre le caractère fallacieux du préjugé positiviste tendant à réduire l'homme malade à un objet dont il s'agirait de rétablir le fonctionnement normal. Ici se marque la ligne maîtresse de la pensée de Jaspers: il n'y a pas de pure norme, naturelle ou positive, fonctionnant comme table de référence universelle pour interpréter la réalité humaine. Les méthodes de connaissance sont liées comme dans des catégories apparentées comme les espèces d'un genre inconnu, mais ne procèdent pas d'une totalité qui, en soi, ne fournit qu'un prétendu savoir.

JEAN-PIERRE LEYVRAZ: *Journal de Genève, Samedi Littéraire*, 8-9 mars, 1969

45. JOSEPH BÉDIER

A l'époque où je l'ai connu, comme à ses débuts, certains esprits superficiels le croyaient sans originalité. Il acceptait le monde tel qu'il était, la France telle qu'elle était, sans jamais se poser aucun des grands problèmes qui agitaient les hommes de sa génération. Jamais il ne s'interrogea sur la sagesse et la bonté de l'univers civilisé. Il semblait dire: «Tout ce qui se fait en France est bien parce que français; il est mal d'aller à l'encontre». Selon le mot de Ferdinand Lot, il était le *conformisme incarné*. S'il se désintéressa des littératures étrangères, ce fut surtout parce qu'il était convaincu que celle de France se suffisait à elle-même. Vrai lettré, il ne se faisait pas d'illusion sur aucun de ses collègues de l'Académie française; cependant, parce que l'Académie était une grande institution nationale, il était fier d'en faire partie, et il portait l'habit vert avec une élégance et une distinction que seuls les maréchaux de France élevés au rang d'académiciens avaient quelque chance d'égaler. En 1933, il fut reçu docteur à Oxford; ce fut son plus beau jour, car il savait que l'acte solennel de cette illustre maison devait l'attacher à une institution plus ancienne encore que celle des quarante Immortels, vieille de trois cents ans seulement. Le préjugé moderniste veut qu'un tel degré de traditionalisme soit incompatible avec le talent, qu'un homme de valeur soit réfractaire par définition à toute orthodoxie et agisse en toutes choses à sa guise. Pour Bédier, les usages avaient quelque chose de sacré. On raconte qu'un jour, un candidat à une chaire universitaire s'étant présenté chez Bédier les mains sales, celui-ci décida de voter contre lui; un tel homme, croyait-il, ne pouvait être un bon savant. Luimême était irréprochable sur le chapitre de la tenue. A toute heure, on le trouvait à sa table de travail, correctement vêtu, droit, svelte, élégant et simple à la fois. Son écriture n'était pas faite pour impressionner le lecteur par un tracé excentrique; elle était belle simplement, et ressemblait à s'y méprendre à celle de Racine. Symbolique rencontre, moins fortuite peut-être qu'elle ne paraît, comme tout ce qui rapproche Bédier de la haute tradition classique, celle qui sait allier harmonieusement l'ardeur à la contrainte. Il appartenait à cette belle lignée d'esprits qui affirme l'éternel accord du génie avec l'harmonie civilisée et dont la gloire est de retrouver, à l'intérieur d'un univers de bienséances, de doctrines héritées, les sources les plus puissantes de la création poétique.

Le jour où je le vis pour la première fois dans son petit appartement de la rue Soufflot, voici déjà trente-neuf ans, je ne pus m'empêcher de songer à ce qu'éprouva Lancelot au château du Graal, au seuil du sanctuaire, lorsqu'il en vit sortir «une grande clarté, comme si le soleil s'y était arrêté». La clarté qui m'arrêta était symbolique et réelle à la fois: elle émanait de ses yeux comme de tout son être. Je la retrouvai, tout aussi pénétrante, dans cette salle 3 du Collège de France où il avait succédé à Gaston Paris et où nous nous réunissions deux fois par semaine pour l'entendre. Le corps droit, l'allure fière, le geste rare et retenu, et cette modestie, la vraie, qui est inséparable de la grandeur. Dans ses traits comme dans son maintien, rien du type traditionnel du savant, rien qui trahit sa profession. Ses yeux n'étaient pas ceux d'un homme de bibliothèque; il avait le regard d'un homme d'action: bleu et perçant, d'un bleu d'acier et de flamme. Il parlait sans emphase. Il n'avait pas le débit facile des professeurs de métier; parfois il semblait même hésiter; longuement mûrie, l'expression la plus sûre jaillissait enfin, rétablissant le rythme du discours, y mettant une parfaite harmonie, transparente et ferme comme son regard. Et chaque fois que nous le voyions s'attarder en proposant une hypothèse nouvelle, cherchant les nuances de pensée qui pouvaient répondre le mieux à son sentiment, toujours conscient, toujours inquiet de son audace, nous distinguions là un des signes révélateurs de sa force.

EUGÈNE VINAVER: *A la Recherche d'une poétique médiévale* (1959)

46. ARISTIDE BRIAND

Sans doute, on sentait flotter autour de Briand comme une brume de nonchalance rêveuse. Sans doute, il était «humain», exempté non seulement de représailles, mais de rancune, enclin non seulement à oublier les injures mais à les pardonner. Sans doute, il avait plus de goût et plus d'aptitude pour la persuasion que pour la domination et son «autorité» s'exerçait plus volontiers par voie d'ascendant et d'influence que par voie de commandement brutal. Mais il n'était cependant ni naïf, ni ingénu, ni débonnaire. Il n'était pas facile à tromper; sans nul parti pris de soupçon, il pénétrait par une clairvoyance naturelle les intentions et les arrière-pensées. Il savait clairement, obstinément, ce qu'il voulait. Sous un détachement apparent, il apportait en réalité à ses desseins une ténacité obstinée, presque entêtée et ni la complexité des moyens, ni la sinuosité des approches ne le détournait jamais du but.

A la fin d'une carrière multiple et romanesque qui avait permis à un de ses contemporains de lui appliquer le mot célèbre: «On n'oserait pas rêver comme il a vécu...», il ne proposait plus à sa vie qu'un but unique: la paix. Et je tiens à répéter encore qu'à ses yeux la paix était tout autre chose qu'une expression noble et qu'une inspiration généreuse. Car il n'était pas dupe des grands mots; car il était plutôt porté à percer d'un geste sceptique les étalages de grands sentiments. Non, la paix était à ses yeux une réalité déjà tangible qui s'extrayait chaque jour de l'idéal et qu'il appartenait à l'effort humain d'achever dans sa consistance définitive. Vouloir la paix, pour lui, ce n'était pas formuler une vague déclaration de principe; c'était rechercher, confronter, essayer toutes les conditions concrètes et tous les moyens pratiques de la solidarité internationale.

Comme il était courageux, il ne reculait devant aucune de ces conditions, devant aucun de ces moyens, pourvu qu'ils fussent compatibles avec l'intégrité et la sécurité de la patrie. Telle fut l'occupation à peu près unique des quinze dernières années de sa vie qui, pour la postérité, absorberont sans doute sa vie entière. Le Briand que les hommes n'oublieront plus, c'est le Briand du Pacte de Paris, c'est le Briand de Genève et de Gourdon, c'est le «pèlerin de la paix» prêt à partir pour la prêche de la croisade avec la coquille et le bâton.

Comment oserait-on douter que la foi de Briand, que la volonté de Briand doivent rencontrer un jour leur récompense posthume quand on constate l'action qu'elles ont exercée sur la France d'aujourd'hui?

Briand n'a pas été seul à agir. D'autres influences se sont fait sentir, dont je ne veux discrètement citer qu'une, celle des anciens combattants de la guerre. Mais c'est pour une bien large part l'oeuvre de Briand si la France offre aujourd'hui au monde le spectacle d'une nation attachée à la paix avec une résolution et, je puis dire, une passion unanimes — sans nulle discrimination à cet égard entre les classes sociales ou les partis politiques — prête à envisager toutes les conditions et appliquer tous les moyens de la paix pourvu qu'ils se fondent sur la solidarité internationale et respectent l'intégrité et la sécurité de la patrie.

LÉON BLUM: *Oeuvre* (1937-40)

47. LES FRANÇAIS ET LA GUERRE D'ALGÉRIE

Ce n'est pas de mon plein gré, ce n'est pas de gaieté de coeur que j'ai laissé la guerre d'Algérie envahir ma pensée, mon sommeil, mes humeurs. Le conseil de Camus — défendre, malgré tout, son propre bonheur — personne n'était plus enclin que moi à le suivre. Il y avait eu l'Indochine, Madagascar, le Cap Bon, Casablanca; je m'étais toujours rétablie dans la sérénité. Après la capture de Ben Bella et le coup de Suez, elle s'effondra: le gouvernement allait s'entêter dans cette guerre. L'Algérie obtiendrait son indépendance: mais dans longtemps. A ce moment où je n'en entrevoyais plus la fin, la vérité de la pacification acheva de se dévoiler. Des rappelés parlèrent; des renseignements affluèrent: conversations, lettres adressées à moi, à des amis, reportages étrangers, rapports plus ou moins secrets que de petits groupes diffusaient. On ne savait pas tout, mais beaucoup, mais trop. Ma propre situation dans mon pays, dans le monde, dans mes rapports à moi-même s'en trouva bouleversée.

Je suis une intellectuelle, j'accorde du prix aux mots et à la vérité; j'eus à subir chaque jour, indéfiniment répétée, l'agression des mensonges crachés par toutes les bouches. Des généraux, des colonels expliquaient qu'ils menaient une guerre généreuse et même révolutionnaire. On vit ce phénomène digne d'une baraque de foire: une armée qui pensait! Les pieds noirs réclamaient l'intégration alors que la seule idée de Collège unique les faisait sauter en l'air. Ils affirmaient qu'à part quelques meneurs la population les aimait. Cependant, au cours de la «ratonnade» qui suivit l'enterrement de Frogier, ils ne firent aucune distinction entre les *bons* Musulmans, *leurs* Musulmans et les autres: ils lynchèrent tous ceux qui leur tombaient sous la main. La presse était devenue une entreprise de falsification. Elle passa sous silence les hécatombes provoquées par Fechez et Castille, mais poussa de grands cris contre les attentats qui ouvrirent la bataille d'Alger. Les paras bouclèrent le Casbah, le terrorisme fut stoppé: on ne nous fit pas savoir par quels moyens. Les journaux ne redoutaient pas seulement les saisies, les poursuites, mais la désaffection de leurs lecteurs: ils disaient ce que ceux-ci souhaitaient entendre.

Car, à condition qu'on la lui fardât, le pays consentait allègrement à cette guerre. Je ne m'émouvais pas quand les ultras manifestaient sur les Champs-Elysées; ils réclamaient qu'on se battît jusqu'au bout et qu'on collât la gauche au poteau, ils cassaient au passage les vitres de l'Agence de tourisme au-dessus de laquelle l'*Express* a ses bureaux. C'était des ultras. Ce qui m'atterra, c'est que le chauvinisme eût gagné l'immense majorité des Français, et de découvrir la profondeur de leur racisme. Bost et Jacques Lauzmann — qui avait repris ma chambre, rue de la Bûcherie, — me racontaient comment les policiers traitaient les Algériens du quartier: tous les jours, des fouilles, des perquisitions, des rafles; il les frappaient, ils renversaient les voitures des marchands des quatre-saisons. Personne ne protestait, loin de là; les gens — que jamais un Nord-Africain n'avait effleurés du bout du doigt — se félicitaient d'être «protégés». Je fus plus stupéfaite encore et plus désolée quand j'appris avec quelle aisance les jeunes soldats du contingent se pliaient aux méthodes pacificatrices.

SIMONE DE BEAUVOIR: *La Force des choses* (1963)

48. ORIGINES PSYCHOLOGIQUES D'UN RÉSISTANT

Il n'y a guère d'autre choix pour un enfant que d'être un martyre ou un esclave. Comme je n'avais pas un tempérament porté à la révolte, et que je voyais autour de moi quelques révoltés de mon âge très malheureux, je choisis l'esclavage, c'est-à-dire le mensonge. Cela me paraissait un choix fort judicieux. La société, en l'espèce ma famille, les amis de ma famille et mes maîtres, était trop puissante pour moi. J'étais intelligent, j'avais compris que je ne la vaincrais pas par une lutte ouverte, mais que je pourrais subsister sans tragédie en sacrifiant hypocritement à ses préjugés.

Non seulement subsister, mais encore enrichir à l'infini, dans le secret, selon ma droite méthode cartésienne du doute absolu et de l'évidence, ma philosophie. Bref, pendant une dizaine d'années, de huit ans à dix-huit ans, j'ai joué le personnage de Galilée devant l'Inquisition. Cet effort de préservation intellectuelle et de dissimulation si persévérant m'a rendu imperméable par la suite à toute influence, mais il m'a aussi mis dans le coeur une grande dose de rancune à l'égard d'une société qui m'avait obligé à me contraindre si longtemps et d'une façon si contraire à ma nature. Tout mon malheur venait de ce que j'avais un esprit d'homme dans un corps d'enfant. Dès que j'atteignis l'âge d'homme et que cette disproportion s'atténua, je me sentis bien plus à mon aise et je commençai à me réconcilier avec mes aînés. Eux-mêmes, d'ailleurs, avaient un peu changé. Il me semblait qu'ils avaient fait quelques pas dans ma direction. Qui avait vieilli, eux ou moi? Toujours est-il que je les trouvais moins obtus, moins enracinés dans leur mensonge, capables même de supporter un peu de vérité, pourvu que celle-ci ne fût pas trop forte. On ne me grondait plus. On se contentait de me dire avec un sourire que je cultivais le paradoxe, ce qui m'enrageait, comme on peut penser. Je voyais bien que ce mot de paradoxe était encore une défense que l'on m'opposait.

Je me croyais réconcilié, dis-je, mais je n'étais réconcilié qu'en apparence; je n'étais réconcilié que par ma raison. Au fond de moi, dans des zones que je n'apercevais point, il subsistait une haine globale contre la société d'où je venais. Je puis bien dire que la plupart de mes actions, jusqu'à l'âge de trente ans et au-delà, ont été dictées par le désir secret d'étonner ma famille et les témoins de mon enfance qui avaient survécu. Je voulais piétiner ce milieu et ses valeurs, réelles ou fausses, lui montrer qu'il avait méconnu un individu infiniment supérieur à lui. Je voulais qu'ils s'inclinassent tous, qu'ils convinssent dans leur for intérieur, ces canards, qu'ils avaient couvé le plus éclatant des cygnes. Chose curieuse, mon animosité ne s'arrêtait pas à ces limites sociales. La guerre de 1940, qui me permit de voir de près, pendant quelques semaines, l'armée française, puis l'effondrement du pays et la dégradation de ses institutions, l'étendit à la France tout entière, telle qu'elle s'etait manifestée depuis ma naissance. A la lumière des événements, je considérais cette chose gigantesque qui avait été la société française, avec ses traditions, ses forces, son élégance, sa gloire, et j'étais tout gonflé d'un joyeux mépris. Cela qui m'en imposait tellement naguère, qui m'écrasait, cette formidable citadelle sociale dans laquelle je croyais n'entrer jamais, voilà qu'elle était par terre, en mille miettes. J'étais le seul à rester debout. Tout était digne de mon dégoût: les hommes politiques, les gens du monde, les riches qui avaient été corrompus par le matérialisme, les pauvres qui n'étaient même plus patriotes.

Cet état d'esprit était tout à fait propre à me jeter dans la Résistance. Celle-ci, en effet, etait le parti des farceurs de mon espèce. Qu'y trouvait-on, surtout? Des gens qui avaient passé leur vie jusqu'en 1940 à taper sur le gouvernement, à insulter l'armée, à réclamer la subversion sociale, des pacifistes, des antifascistes, des rescapés de la guerre d'Espagne, des communistes, des internationaux, c'est-à-dire tout ce que l'on vouait à l'exécration chez moi. A l'inverse, ce que l'on m'avait pendant vingt ans donné en exemple se couvrait d'opprobre; la France officielle des maréchaux, des ambassadeurs, des hauts fonctionnaires, des magistrats, des gens du monde, des anciens combattants acceptait avec docilité, quand ce n'était avec joie, la défaite et l'esclavage. Je voyais là, en plein, et d'une façon très tranchée, la déconfiture de leur morale et le triomphe de la mienne.

JEAN DUTOURD: *Le Demi-solde* (1965)

49. LES AUTEURS NON LUS

Il est une catégorie d'écrivains auxquels notre imagination a réservé en nous une place si sûre, qu'il nous paraît parfois presque superflu, non certes qu'ils aient existé, mais que nous les lisions. Logés en particulier aux points douloureux de la pensée française, — car c'est aux écrivains français surtout que je pense, — le rôle qu'ils jouent a suffisamment d'importance pour qu'on leur pardonne d'être le plus souvent de médiocres auteurs et que leur tienne lieu de talent la lumière tragique dont leur place est marquée. Il fallait qu'ils existassent, et il est curieux de voir que ce caractère de nécessité absolue s'attache surtout à ceux dont l'existence fut une suite de hasards, de rêves, ou d'incidents. Peut-être cette mission est-elle, dans les littératures malheureuses, réservée aux écrivains logiques et satisfaits, mais chez nous Gilbert, Malfilâtre, Hégésippe Moreau ont une renommée sans rapport avec leur médiocre talent, parce qu'ils nous semblent produits par une loi plus fatale que Chénier ou Chateaubriand. La présence de La Fontaine, de Racine dans notre littérature, n'a rien de nécessaire ou d'inéluctable, la plupart des oeuvres de nos grands hommes n'y sont que des suppléments divins, et la révélation d'un génie en France se traduit presque toujours par un supplément d'aération et non de poids. Mais il n'en reste pas moins que toutes ces oeuvres malheureuses sont alignées sur une ligne de malheur que jalonnent, chaque siècle, deux ou trois témoins de valeur souvent contestable et par lesquels est affirmé, à coup de misère et de mort, entre tant de fêtes et de beaux gonflements d'âmes, le danger mortel, — je ne dis pas de la pensée —, mais de l'écriture. Bien qu'ils en soient les personnages les plus médiocres, ils n'en sont pas moins les vrais prêtres de notre art; et, par une contradiction que ne présente aucune autre littérature, la France a ce privilège ou cette infériorité que les grandes douleurs n'y soient pas forcément portées par les grands hommes. Nous en éprouvons parfois un peu de gêne. On n'aime sans réserve voir crucifier que les dieux, et de là s'explique l'intensité de notre émotion, si différente d'une émotion littéraire et tellement semblable à la reconnaissance, quand le sort confie ces fonctions sacrées et réserve ce supplice à Villon ou à Baudelaire.

Je donne là une des raisons qui m'ont poussé, — ainsi que beaucoup d'autres —, à remettre si longtemps la lecture de Gérard de Nerval, et une fois que j'eus commencé à lire, la lecture d'*Aurélia*. Ce n'était pas du tout cette appréhension des grandes oeuvres, qui nous éloignent parfois d'elles autant par timidité que par désir de garder vierge, le plus longtemps possible, le sens qu'elles ne peuvent manquer d'émouvoir en nous, et qui, quand une guerre survient, amène tant de jeunes gens au matin d'un assaut, furieux de mourir sans avoir lu *le Rouge et le Noir* ou le *Discours sur la Méthode.* Ce n'était pas l'effet de cette illusion, que peupler son imagination de chefs-d'oeuvre non lus, c'est la seule façon de la peupler aussi de tous les chefs-d'oeuvre non écrits, de tous les chefs-d'oeuvre du futur. C'est simplement que la nécessité de Gérard de Nerval était si grande que son talent ne l'était pas, et que je voulais m'épargner une désillusion.

JEAN GIRAUDOUX: *Littérature* (1941)

50. LA VALEUR DRAMATIQUE DES DISCOURS CHEZ VILLEHARDOUIN

Outre leur intérêt psychologique, ces discours ont une valeur dramatique, non seulement en eux-mêmes, mais encore par l'évocation de la réalité et des circonstances qui les ont suscités. Déjà il n'est pas négligeable que Villehardouin, si avare à l'ordinaire de précisions concrètes et de détails pittoresques, nous renseigne sur l'attitude ou le débit d'un orateur, ou sur le décor dans lequel il parle, nous montre le doge montant au lutrin dans l'église Saint-Marc pour s'adresser au peuple assemblé ou Conon de Béthune lançant dangereusement le défi des Croisés, dans le palais de Blaquerne, face à la trinité impériale, assise sur des trônes juxtaposés, du jeune Alexis, du vieux Sursac et de sa femme. Mais il faut ajouter que les scènes les plus grandioses et les plus pathétiques de la *Conquête de Constantinople* – nous sommes tentés de dire les plus parlantes malgré le jeu de mots – s'ordonnent en quelque sorte autour d'un discours; c'est le cas surtout pour ces épisodes vénitiens de la chronique, les grandes réunions à la fois religieuses et politiques tenues dans ce cadre de Saint-Marc dont Villehardouin a senti la beauté: adjuration en faveur de la croisade, prise de la croix par le doge. Cette dernière scène, par un extra-ordinaire mélange de cautèle et d'émotion, le dosage des calculs politiques et la ferveur du sentiment, touche véritablement au théâtre. Chez Dandolo, l'orateur se doublait d'un acteur; après une harangue, qui, dans la densité du texte donné par Villehardouin, exprime fort bien l'ambition intéressée en même temps que la vaillance sublime du personnage, il s'agenouille en larmes devant l'autel, tout en prenant soin de se faire coudre la croix, contrairement à l'usage, sur son haut bonnet de coton, «porce que il voloit que la gent la veïssent». Ici la parole et les gestes peignent l'homme au même degré, d'une façon immédiate, et semblent appartenir à un même style expressif et dramatique.

JEAN FRAPPIER: *Les Discours chez Villehardouin*
(In *Études Romanes dédiées à Mario Roques,* 1946)

51. LE VERS DE FRANÇOIS VILLON

C'est par l'art surtout, par le verbe que Villon mérite, dans ce XVe siècle assez pauvre, la place que lui valut, au concours de Blois, sa ballade *Je meurs de seuf.* Avec Charles d'Orléans, aristocratique ciseleur de ces bijoux à tarabiscots qui brillent de tous leurs feux dans nos anthologies, Villon est le seul poète qui joue en virtuose les ressources de la langue.

Il a d'abord ce mérite d'avoir fait choix d'un instrument merveilleux. L'octosyllabe est, des vers français, celui qui se plie le mieux au rythme naturel, franc, allègre de la conversation. C'est le mètre des fabliaux, de ces contes faciles où tinte le grelot même de la vie. Il est léger, bondissant, comme cabré. Alors que l'alexandrin épuise jusqu'à bout de souffle nos «possibilités» physiologiques, n'en déplaise aux tenants du verset claudélien, l'octosyllabe reste en dedans de notre action. Pour mieux dire, il ne nous impose d'autre loi, d'autre peine qu'une certaine retenue, qui est tout profit pour la pointe, le mot. Mettre à la fin de douze syllabes une intention fine ou jolie, c'est nous condamner, au terme d'un effort déjà soutenu, à une sorte de fatigue supplémentaire. Tandis que l'octosyllabe nous donne cette joie précieuse du gîte avant la nuit, de la récompense qui devance la peine, du désir prévenu.

A cet octosyllabe si dru, si franc de frappe, François Villon tient par-dessus toutes choses. Rarement il en gonfle les contours. La lymphe lui est étrangère. Les rejets, les coupes imprévues sont plutôt rares dans le *Testament.* Et presque toujours nous regrettons l'abandon, fût-ce au profit de quelque intention artistique, de ce rythme qui n'est pas plus monotone que le *taque-tac-taque-tac-tac-tac* des sabots de bois sur l'aire dure.

L'octosyllabe de Villon a cette qualité première d'être une formule. La poésie tend à la formule. C'est ce qui la distingue de la prose. Monsieur Jourdain a vécu longtemps sans le savoir. Mais il l'aurait su − ou du moins il l'aurait pressenti − si, pour demander à Nicole ses pantoufles, il avait trouvé, un soir de mauvaise humeur, la formule, précisément. La notion de rime est surajoutée. Verlaine a bien raison: la rime est un bijou d'un sou. Les enfants qui, voulant désigner celui qui «en sera», prononcent, sur un ton d'incantation, le magique *Arm-stram-dram* ou *Une petite souris verte,* se moquent bien de la rime, et de l'assonance aussi. Mais ils répètent des sons qui se fixent dans leur mémoire par autant de clous d'or qu'il y a de syllabes. La cadence est inséparable de ces formules-là. De même qu'une ronde ne se conçoit pas sans danseurs.

Pourtant Villon rime volontiers riche, surtout dans les ballades. C'est que la ballade, fait de couplets, implique nécessairement l'élément de rappel étranger aux huitains isolés. La ballade est un morceau de bravoure. Elle suppose quelque artifice. Villon n'en est pas dépourvu. En dehors des ballades, ses octosyllabes sont disposés en huitains sur trois rimes. Et cette disposition même doit nous retenir. Car si l'octosyllabe a son caractère plein et sa valeur propre, à de telles enseignes que *La royne Blanche comme lis* est un beau vers, une heureuse formule poétique, abstraction faite de la notion de rime, il serait arbitraire de découper Villon comme une mortadelle. Ainsi, ce serait trahir Dante que d'étudier les vers de la *Divine Comédie* en dehors de la *terza rima*.

FERNAND DESONAY, *Villon* (1933)

52. LA MUSIQUE DANS *POLYEUCTE*

Pour convaincre un simple lecteur qui ne subit pas les prestiges de la scène, il faudrait une science de pénombre et de la suggestion, une liberté poétique dans l'évocation de l'irrationnel, dont l'art cornélien est tout à fait dépourvu. Corneille n'est à l'aise que dans des lumières simples et sur des plans qui ne chevauchent pas. Mais par une grande trouvaille de poète il a su faire, au commencement du quatrième acte, la coupure dont il avait besoin pour clore un monde de sentiments et en ouvrir un autre. Seule la musique pouvait ménager ce mystérieux passage. Les stances que récite Polyeucte sont tout autre chose qu'un ornement poétique; elles marquent, organiquement, un changement de registre. Quand elles s'achèvent, on a laissé derrière soi l'ordre humain: on est de l'autre côté, dans l'ordre de la foi.

Ce n'est pas que ces strophes aient le coup d'aile mystique qui soulève d'emblée tels poèmes plus naïvement religieux. Polyeucte continue d'y discuter trop. Mais par le changement de rythme, elles agissent en tant que musique, en tant qu'interlude où la pensée s'évade de ses liens rationnels. Dans plus d'une pièce, Corneille avait introduit des stances, simples morceaux lyriques que les actrices aimaient psalmodier pour mettre leur voix en valeur. Dans le *Cid,* celles de Rodrigue ont déjà confusément la fonction de catalyse psychologique qu'elles remplissent ici: moment de suspens où s'accomplit un travail intérieur et d'où la volonté sort transformée. Mais l'esprit positif de la France se méfie de la musique comme d'une puissance trouble et presque d'un coupable sortilège; il n'aura de cesse qu'il ne l'ait bannie de partout où la parole claire peut remplacer le chant. De longtemps, Corneille ne s'y hasardera plus.

Quand la dernière strophe des stances s'est éteinte sur les lèvres de Polyeucte, le miracle est accompli, le détachement s'est fait; l'homme envahi de Dieu subsiste seul. Il est séparé du reste des hommes. C'est saintement, sans lutte, sans se guinder dans l'héroïsme, qu'il confie Pauline à Sévère, et la réponse qu'elle provoque par ses protestations a déjà la dureté qui marque presque tous les saints dans l'instant qu'ils s'arrachent à leurs dernières chaînes.

JEAN SCHLUMBERGER: *Plaisir à Corneille* (1939)

53. LE STYLE DE LA FONTAINE

Lorsque d'un conte de La Fontaine, d'une de ses poésies diverses ou même
d'un apologue du Manuscrit Conrart, par exemple de *La Génisse, la chèvre
et la brebis,* reproduit sans retouche dans les éditions imprimées, on passe
brusquement à l'une des grandes fables du premier recueil, il semble qu'on
ait changé de poète. Ce n'est plus ce style d'une élégance abstraite, admirable-
ment limpide, sans doute, et qui parle à l'intelligence avec la grâce la plus
fine, mais qui se contente de désigner ou de décrire, sans nous communiquer
la sensation de la chose vue, palpée ou respirée, la chaleur et le mouvement
de la vie. Les vraies fables, au contraire, avant de nous inviter à réfléchir sur
l'objet qu'elles nous proposent, le mettent sous nos yeux et dans nos mains;
nos épaules sentent le poids de la ramée sous laquelle plie le bûcheron; ses
lentes pensées cheminent en nous; les frissons du lièvre au gîte nous traver-
sent; nous éprouvons la chaude béatitude du rat au bord de son marais.

Maurras reprochait à Chateaubriand d'avoir «communiqué au langage,
aux mots, une couleur de sensualité, une complaisance dans le physique, où
personne ne s'était risqué avant lui». Personne? C'était oublier le poète des
Fables. C'était oublier aussi tous ses maîtres français, Rabelais, Montaigne,
Régnier, les «grotesques», chez qui il puise à pleines mains les mots charnus,
vibrants et sonores qu'il ne saurait trouver dans la langue épurée et filtrée
des poètes de son temps. On s'est étonné de rencontrer dans une fable toute
réaliste comme *La Mort et le Bûcheron* une expression empruntée à l'épisode
rabelaisien de la Sibylle de Panzoust. La Fontaine ne voit-il donc la vie
qu'à travers les livres? Il me paraît, au contraire, que, voulant nous rendre
présente une de ces huttes forestières qu'il avait dû si souvent remarquer
dans ses tournées de maître des eaux, il a senti que les mots de *chaumine
enfumée* lui étaient indispensables, moins encore à cause de leur justesse
que de leur pouvoir d'évocation. Il les a faits siens, comme tant d'autres
mots dialectaux, artisans, paysans, comme tant de termes de pratique,
d'école ou d'Église. Il regrette qu'*engeigner* soit «trop vieux aujourd'hui».
Il cite un dicton picard pour le seul plaisir d'entendre sonner des syllabes
qui aient la couleur d'un terroir et d'une époque. Les belles sonorités des
deux verbes rustiques *fouir, houer* se font valoir par le rapprochement.
La liste que dresse A. France dans *le Génie latin,* des emprunts dont est
faite la langue de la Fontaine, est bien incomplète. Cette langue des fables
n'a rien de commun, quoi que Boileau en ait pu dire, avec le style marotique
dont notre poète use si souvent ailleurs, après Voiture et bien d'autres. Il
l'a créée à son usage, telle qu'il la lui fallait non pour représenter les choses
à notre esprit, mais pour nous en donner la sensation même.

PIERRE CLARAC: *La Fontaine* (Édition revue et corrigée, 1969)

54. LA FONCTION DU LANGAGE CHEZ RACINE

Ce que la tragédie racinienne met au jour, c'est une véritable universalité de langage. Le langage absorbe ici, dans une sorte de promotion enivrée, toutes les fonctions dévolues ailleurs à d'autres conduites: on pourrait presque dire que c'est un langage *polytechnique*: il est un organe, peut tenir lieu de la vue, comme si l'oreille voyait, il est un sentiment, car aimer, souffrir, mourir, ce n'est jamais ici que parler; il est une substance, il protège (être *confondu*, c'est cesser de parler, c'est être découvert): il est un ordre, il permet au héros de justifier ses agressions ou ses échecs et d'en tirer l'illusion d'un accord au monde; il est une morale, il autorise à convertir la passion en *droit*. Voici peut-être la clef de la tragédie racinienne: parler, c'est faire, le Logos prend les fonctions de la Praxis et se substitue à elle: toute la déception du monde se recueille et se rédime dans la parole, le faire se vide, le langage se remplit. Il ne s'agit nullement de verbalisme, le théâtre de Racine n'est pas un théâtre bavard (bien moins en un sens que celui de Corneille), c'est un théâtre où agir et parler se poursuivent et ne se rejoignent que pour se fuir assitôt. On pourrait dire que la parole n'y est pas action mais réaction. Cela explique peut-être pourquoi Racine s'est soumis si facilement à la règle formelle de l'unité de temps: pour lui le temps parlé n'a aucune peine à coïncider avec le temps réel, puisque la réalité, c'est la parole; pourquoi aussi il a fait de *Bérénice* le modèle de sa dramaturgie: l'action y tend à la nullité, au profit d'une parole démesurée.

La réalité fondamentale de la tragédie, c'est donc cette parole-action. Sa fonction est évidente: médiatiser la Relation de Force. Dans un monde inexorablement divisé, les hommes tragiques ne communiquent que par le langage de l'agression: ils *font* leur langage, ils parlent leur division, c'est la réalité et la limite de leur statut. Le *logos* fonctionnne ici comme un précieux tourniquet entre l'espoir et la déception: il donne au conflit originel l'issue d'un troisième terme (parler, c'est durer), il est alors pleinement un faire; puis il se retire, redevient langage, laisse de nouveau le rapport sans médiation et replonge le héros dans l'échec fondamental qui le protège. Ce *logos* tragique, c'est l'illusion même d'une dialectique, c'est la forme de l'issue, mais ce n'en est que la forme: une fausse porte, contre laquelle le héros vient sans cesse donner, qui est tour à tour le dessin de la porte et son plein.

ROLAND BARTHES: *Sur Racine* (1960)

55. INTELLECTUALITÉ AU DIX-SEPTIÈME SIÈCLE

Au terme trop simple et trop simpliste de rationalisme, nous préférerons plutôt, pour désigner l'une des tendances les plus profondes de la littérature classique, celui d'intellectualité. Ces grands écrivains ne

70

furent pas des cartésiens; ils bafouèrent volontiers la raison et lui contestèrent plus d'une fois le droit d'organiser la vie. D'ailleurs, les ministres, les généraux ou les magistrats qui étaient leurs contemporains ne se soucièrent pas davantage de faire régner dans la politique, dans la guerre ou dans la justice les décrets universels et logiques d'une raison abstraite et idéale.

Tous, par contre, connurent et goûtèrent le plaisir de comprendre. Tous se sont plu, même au milieu de leurs incohérences, de leurs passions et de leurs folies, à dissocier des concepts, à analyser jusqu'aux états d'âme les plus contradictoires, jusqu'aux nuances de sentiment les plus tenues. L'analyse psychologique est peut-être le trait permanent le plus caractéristique de la littérature française depuis Chrétien de Troyes ou Jean de Meung jusqu'à Marcel Proust et André Gide. Le XVIIe siècle mettra dans cette analyse plus d'insouciance morale et de perspicacité désinvolte, et une espièglerie fine qui nous charment même lorsqu'elles nous repoussent chez Voltaire, Crébillon fils, Laclos et le Prince de Ligne. Le romantisme poursuivra cette analyse de l'homme intérieur dans les moments d'extase, de violence émotive et de mensonge passionné où il devient difficile à l'observateur de se dédoubler pour se juger. Moins détaché et moins sec que le XVIIIe, moins séduit que le XIXe par l'exploration pittoresuqe des mondes étrangers ou par le souci nostalgique de s'échapper à soi-même, le XVIIe siècle a peut-être donné à la France les modèles les plus purs et les plus vrais de cette éternelle poursuite de l'homme intérieur par l'homme.

Tourmenté de s'aimer, tourmenté de se voir (Vigny).

A cet égard, Descartes rédigeant son célèbre *Discours* est bien le représentant symbolique de ce siècle d'analyse qui s'était ouvert en Europe avec *Hamlet, Don Quichotte* et les patientes études d'amoureux d'Honoré d'Urfé. Lorsqu'il fait hardiment table rase des notions acquises à l'école, ce psychologue s'acharne à observer le fonctionnement de son esprit et à saisir les intuitions de sa conscience. Il se raconte, dans les premières pages de son enquête «pour bien conduire son esprit», non plus avec la nonchalance amusée de Montaigne, mais avec cette «conscience de soi lumineuse et insolente» qui annonce assez bien l'âge classique. Les héros de Corneille dans leurs moments d'incertitude et de trouble, les personnages de Racine, au plus fort de leur passion en délire ou de l'aveuglement de leur sens, impitoyablement s'analysent. Leurs monologues ne les ramènent pas à la raison ou (dans le cas de Racine) à la maîtrise de soi: derrière les allées et venues de mobiles en lutte, ce sont en réalité des analyses bien conduites de chacune des forces qu'ils sentent s'affronter dans leur âme.

HENRI PEYRE: *Qu'est-ce que le Classicisme?* (1965)

56. MAURICE DE GUÉRIN ET L'ESPRIT CLASSIQUE

Le caractère de son vocabulaire le plus concret ne peut que reporter au vieux conseil de *ne nommer les choses que par les termes les plus généraux,* qui servait à conférer au style *la noblesse.* Cette «recette» de Buffon est portée dans le *Centaure* et dans la *Bacchante* à un tel degré de tension voulue que toute l'imagerie verbale du poème en semble élancée et comme reculée aux suprêmes limites de l'expression perceptible; l'effet d'élargissement continu y est d'autant plus fort que nul vide intérieur ne saurait être senti ni soupçonné: maximum du dense et du grave poussé au plus haut ton! Ainsi le plus discuté et d'ailleurs le plus mal compris des préceptes de la rhétorique classique est retrouvé à l'origine des modernes ambitions symbolistes dont Guérin a fourni plus que les semences. Chez lui, sans nul effort de néologisme, avec une fluidité parfaite, les termes les plus simples et les plus familiers du vocabulaire des hommes revêtent un sens de mystère qui l'apparente à ce que les Anciens ont paru appeler la langue des dieux. Ainsi quand il célèbre les vertus de la Nuit: *«Couché sur le seuil de ma retraite, les flancs cachés dans l'antre et la tête sous le ciel, je suivais le spectacle des ombres»,* ou: *«Le vieil Océan père de toutes choses... les nymphes qui l'entourent décrivent en chantant un choeur éternel...»*

Avouons que ce rythme tombe de plus haut que Buffon! Tant de simplicité et de majesté fait souvenir de Bossuet. Le jeune Languedocien fut, comme le grand Bourguignon, imbu et nourri jusqu'aux moelles des plus purs sucs latins, au point qu'il usa et faillit abuser, même dans le parler courant, de ce retour au sens de l'étymologie qui est, si l'on peut dire, !'un des plus beaux artifices de l'éloquence de Bossuet. Il en retint aussi le nombre, il en posséda naturellement la familiarité magnifique, il en égala tour à tour la sévérité, la mesure, parfois la liberté. Si l'astre de Guérin brilla sur la nuit romantique, il faut le rendre à sa véritable constellation, baignée dans le jour renaissant. Les plus heureux progrès qu'il ait fait accomplir à la prose rythmée doivent beaucoup aux leçons de la bonne époque. Pour résister à la dècadence et grandir pour son compte, Guérin utilisa une tradition.

CHARLES MAURRAS: *Poésie et Vérité* (1944)

57. PRÉTENSIONS À L'ÉRUDITION CHEZ VICTOR HUGO

Ce qui est vrai surtout, c'est que, lorsqu'on a lu toute l'oeuvre poétique de Victor Hugo, on se sent écrasé par tant de richesses; on se sent perdu dans le labyrinthe de cette immense Babel pleine de chants et de murmures, de brises aériennes et de coups de tonnerre. Notre imagination sans cesse appelée à contempler des visions, et notre sensibilité, qui joue par contre-coups sur des images, sont à la fois surexcitées et lassées. Il est impossible qu'il n'y ait pas de redites; mais ces redites mêmes ont un charme; pour qui aime Victor Hugo, elles chantent dans cet immense orchestre comme des *leit-motive* qu'on attend et qu'on est heureux de retrouver. Au reste, la sensation d'écrasement vient surtout de l'érudition du poète; je ne crois pas qu'on se lasse jamais de ce qui éblouit l'imagination et fait par répercussion vibrer les profondeurs de la sensibilité; mais on se fatigue de tous ces noms insolites, de tous ces vocables géographiques inaccoutumés à l'oreille, de tous ces menus détails historiques dont l'étrangeté nous trouble et nous déconcerte. Des bévues, des lapsus, dont il ne faut pas exagérer l'importance dans une oeuvre aussi vaste, nous jettent, pour tout le reste des allusions historiques qui ne sont pas notoirement connues, dans un sentiment de défiance et d'inquiétude.

Parce que le poète a placé un jour la Sorbonne sous Charlemagne, Épicure dans l'Inde, le faubourg de Béthanie à trois jours de marche de Jérusalem, nous ne sommes plus sûrs de lui. Sans doute, beaucoup de ces naïves erreurs échappent à ceux qui lisent le poète, car elles passent inaperçues pour deux raisons: la première est que nous sommes éblouis et captivés par l'ensemble du développement, la seconde est que, la plupart du temps, nous n'en savons pas, de prime abord, plus long que le poète. Quand il écrit, dans cette puissante évocation du manoir de Corbus:

> Et par les quatre coins: sud, nord, couchant, levant;
> Quatre *monts:* Crobius, Bléda, géants du vent,
> Aptar où croît le pin, Toxis où verdit l'orme,
> Soutiennent au-dessus de sa tiare énorme,
> Les nuages, ce dais livide de la nuit,

il est bien peu de lecteurs qui reconnaissent dans Crobius, Bléda, Aptar et Toxis le nom de quatre rois de Hongrie; nous ferions même, et toujours, confiance au poète, si, par ailleurs, il ne nous avait joués quelquefois d'un mauvais tour. Il s'est discrédité lui-même beaucoup plus qu'il ne le méritait, pour nous avoir, certains jours, trompés par des fantaisies géographiques ou historiques de trop grande envergure, ou même provoqués par des déclarations des plus suspectes. Si Victor Hugo s'était contenté d'affirmer que la légende n'était pas plus conjecturale que l'histoire, et que, poète, il avait le droit de créer des légendes, à la condition de garder une fidélité absolue à la couleur du temps et à l'esprit des civilisations diverses, nous accepterions de bonne grâce son histoire et sa géographie fictives. Mais ses prétentions sont allées plus loin. C'est ainsi qu'il écrit, dans la préface de *La Légende des siècles:* «La décadence romaine *(Le lion d'Androclès)* n'a pas un détail qui ne soit rigoureusement exact: la barbarie mahométane ressort de Cantemir, à travers l'enthousiasme de l'historien turc telle qu'elle est exposée dans les premières pages de *Zim-Zizimi* et de *Sultan Mourad.»* Voilà qui nous inquiète et nous met au défi; nous vérifions et nous nous apercevons de ceci: *Le Lion d'Androclès* contient des confusions puériles qu'on dirait faites par un mauvais écolier, et ce n'est pas dans Cantemir, mais bien dans le *Dictionnaire* de Moreri, et dans *L'Histoire de Turquie* d'Henri Mathieu, que Victor Hugo a puisé les anecdotes qui illustrent *Zim-Zizimi* et *Sultan Mourad*. De là, une défiance à laquelle nous aurons tort de céder chaque fois, car l'érudition de Victor Hugo reste prodigieuse. Seulement, Victor Hugo savait ce qu'on ignore communément, et il lui arrivait d'ignorer ce que tout le monde sait.

PAUL BERRET: *Victor Hugo* (1927)

58. «SIGNIFICATION» CHEZ BAUDELAIRE

Tout l'effort de Baudelaire a été pour récupérer sa conscience, pour la posséder comme une chose dans le creux de ses mains et c'est pourquoi il attrape au vol tout ce qui offre l'apparence d'une conscience objectivée: parfums, lumières tamisées, musiques lointaines, autant de petites consciences muettes et données, autant d'images aussitôt absorbées, consommées comme des hosties, de son insaisissable existence. Il a été hanté par le désir de palper des pensées devenues choses — ses propres pensées incarnées:

«J'ai pensé bien souvent que les bêtes malfaisantes et dégoûtantes n'étaient peut-être que la vivification, corporification, éclosion à la vie matérielle, des *mauvaises pensées* de l'homme.»

Ses poèmes eux-mêmes sont des pensées «corporifiées», non point seulement parce qu'elles ont pris corps dans les signes, mais surtout parce que chacun d'eux, par son rythme savant, le sens volontairement hésitant, presque effacé qu'il donne aux mots, par une grâce ineffable aussi, est une existence retenue, fugace, toute semblable à une odeur.

Mais ce qui se rapproche le plus du parfum de la femme, c'est la *signification* d'une chose. Un objet qui a un sens, indique, par-dessus son épaule, un autre objet, une situation générale, l'enfer ou le ciel. La signification, image de la transcendance humaine, est comme un dépassement figé de l'objet par lui-même. Elle existe sous nos yeux, mais elle n'est pas vraiment visible: c'est un sillon dans les airs, une direction immobile. Intermédiaire entre la chose présente qui la supporte et l'objet absent qu'elle désigne, elle retient en elle un peu de celle-là et annonce déjà celui-ci. Elle n'est jamais tout à fait pure, il y a en elle comme un souvenir des formes et des couleurs dont elle émane, et cependant elle se donne comme un être par-delà l'être, elle ne s'étale pas, elle se retient, elle vacille un peu, elle n'est accessible qu'aux sens les plus aigus. Pour Baudelaire dont le spleen réclame toujours un «ailleurs», elle est le symbole même de l'insatisfaction; une chose qui signifie, c'est une chose insatisfaite. Son sens est l'image de la pensée, il se donne comme une *existence* enlisée dans l'être. On remarquera que, chez Baudelaire, les mots de parfum, de pensée et de secret sont à peu près synonymes......

Si Baudelaire aime tant les secrets, c'est qu'ils manifestent un perpétuel *Au-delà*. L'homme qui a son secret ne tient pas tout entier dans son corps, ni dans la minute présente; il est ailleurs; on le pressent à voir son insatisfaction et sa mine absente. Allégé par son mystère, il pèse moins lourdement sur le présent, son *être* est moins oppressant ou, comme dira Heidegger, pour ses amis, ses proches il «ne se réduit pas à ce qu'il est». Pourtant le secret est un être objectif qui peut être révélé par des signes ou qu'une scène muette peut nous laisser surprendre. En un certain sens, il est bien dehors, devant nous qui en sont les témoins. Mais il se laisse à peine deviner, il est suggéré, évoqué, par un air du visage, par une attitude, par quelques paroles ambiguës. Aussi cet être qui est la nature profonde de la chose, en est aussi l'essence la plus subtile. Il *est* à peine; et toute signification, pour autant qu'il est ardu de la découvrir, peut passer pour un secret. Voilà pourquoi Baudelaire va chercher avec passion les parfums, les secrets de toute chose. Voilà pourquoi il essaiera d'arracher leur sens aux couleurs même, voilà pourquoi il écrira de la couleur violette qu'elle signifie: «amour contenu, mystérieux, voilé, couleur de chanoinesse.»

JEAN-PAUL SARTRE: *Baudelaire* (1947)

59. LE «TON» DE MAURIAC

Est-il possible de définir, en un mot, ce ton mauriacien? Ton passionné apparaît le plus adéquat et le plus complet, sans doute; et d'aucuns voudraient peut-être ajouter: ton pieux, songeant surtout aux passages que nous venons de citer. Mais «pieux» — trop calme, trop recueilli — convient mal à cette montée ardente, à ce jet de flammes, à ces vagues pressées qui se soulèvent et retombent dans une immense rumeur; «fervent» serre peut-être de plus près cette espèce d'élan embrasé. Nous retrouvons ici, dans la structure même de la phrase, dans son mouvement, sa vibration, dans les images qui l'illuminent et l'émoi qui la gonfle, la tonique: passion et la dominante: religion sur lesquelles s'orchestrent tous les grands thèmes mauriaciens. Une double passion qui s'écartèle entre le ciel et la terre; une passion qui cherche son miroir dans la nature, qui élit, pour se traduire, les sensations les plus succulentes, les plus sapides, qui tourne spontanément et amoureusement le poète vers les mots les plus brûlants, les images les plus larges et les plus frémissantes, empruntées au soleil, au vent et à la mer; puis soudain, un souffle puissant s'engouffre dans ce monde de voluptés charnelles, de tendresses fiévreuses; il rebrousse le paysage, en laboure l'humus; alors se découvrent la lutte et la douleur, la sanie et le sang; pourtant une lumière diffuse demeure, comme un espoir que l'on devine sous-jacent aux évocations les plus sombres et, tout à coup, le paysage s'inonde et se purifie d'une surnaturelle clarté.

De là vient que le ton mauriacien, à côté de son ardeur passionnée, de son charme voluptueux, de sa ferveur rayonnante a aussi quelque

chose de menacé, une palpitation angoissée faite d'insistance, de hâte
fébrile — marquée par les répétitions, les reprises — un air d'urgence —
voyez dans le passage de *Commencements d'une vie* le retour pressé du
mot: «déjà» — et parfois une cruauté qui ne recule pas devant les
épithètes les plus directes, les plus dures et les plus sanglantes. Tout cela
rend ce ton à la fois étrangement pathétique et souverainement harmonieux
parce qu'il est l'incarnation prodigieuse dans la substance verbale, d'un conflit toujours imminent et toujours dominé.

NELLY CORMEAU: *L'Art de François Mauriac* (1951)

60. L'OEUVRE DE MALRAUX

Toute vieillesse est un aveu, est-il dit dans *La Condition humaine*. Toute
oeuvre aussi. Si l'oeuvre de Malraux est une psychologie de son auteur,
il s'agit d'une psychologie à interpréter: d'une psychologie qui appelle
sa propre psychologie. L'oeuvre exprime l'homme, plus que sa vie, mais
n'a pas avec l'homme un rapport simple. L'image qu'elle suggère n'est pas
exactement celle de l'homme tel qu'il est. Cette oeuvre n'est nullement
l'expression d'une personnalité irrésistible, et toujours de plain-pied avec
elle-même: mais d'une personnalité qui a ses ruses, son arrière-fond, ses
niveaux différents d'authenticité, parce qu'elle est une personnalité
volontaire et non une personnalité fatale. A travers sa création littéraire
comme à travers son action, Malraux tente d'atteindre une certaine image
de lui-même, à laquelle il essaie ensuite de se conformer. Image projetée
au devant de lui-même, puis partiellement incorporée à lui, qui le façonne
autant qu'elle l'exprime, qui est à la fois ce qui lui manque et ce qu'il
obtient. . .

Tel qu'il s'exprime dans son oeuvre, sans doute est-il bien lui-même.
Mais lui-même moins ce qu'il cache, ce qu'il exclut, ce qu'il désavoue.
Journal d'un drame personnel, cette oeuvre est la moins proche des psycho-
logies habituelles. Quel silence l'entoure, quelle constante pudeur l'habite!
Tyranniquement fasciné par lui-même, et constamment résolu à échapper
à soi, nul n'est plus hostile que Malraux au parti pris moderne (celui de
Proust, de Gide) de transcrire une personnalité telle qu'elle fut, dans sa
spontanéité, son abandon. Au moi qui s'accepte, il ne cesse d'opposer un
moi qui se construit — et à travers mille refus.

Révélatrice est son instinctive répugnance à l'égard de la psychanalyse
et de la religion contemporaine de l'inconscient. Déjà *La Tentation de
l'Occident* assure que l'idée d'inconscient prive l'Occident de ses meilleures armes. Et *Les Voix du Silence,* avec une obstination singulière,
s'acharnent à exorciser l'explication psychanalytique du génie. Malraux
insiste sur la distance entre l'homme et l'oeuvre que naît de lui. La clef des
oeuvres d'art n'est pas dans le secret des biographies: «*La biographie d'un*

artiste, c'est sa biographie d'artiste, l'histoire de sa faculté transformatrice.»
Pour le peintre, c'est une évidence; et que Paul Cézanne ne soit pas M.
Cézanne, bourgeois d'Aix-en-Provence, chacun le voit. Mais bien que la
littérature soit l'expression de l'expérience humaine, ou plutôt bien que
sa matière (les mots) soit aussi le moyen d'expression de cette expérience,
M. Beyle n'est pas davantage Stendhal. L'oeuvre filtre la vie. Et transforme
l'homme. Le génie ne saurait naître de la vie, puisqu'il passe son temps à
refuser ce que la vie accepte.

A son oeuvre, Malraux ne confie que ce qu'il accepte de lui-même — et
cette acceptation est une conquête. Que devient ici l'homme du songe et
de l'amour, des souvenirs d'enfance et des rêves de bonheur, la complicité
que nous unit à nous-même et qui a la tiédeur et l'intimité de notre sang?
L'oeuvre de Malraux nous suggère un homme réduit à ses sommets, à sa
part de volonté et de conscience, un homme abstrait de tout ce qui n'est
pas le meilleur.

GAËTAN PICON: *Malraux par lui-même* (1953)

61. L'HUMANISME DANS LE ROMAN

N'y aurait-il pas, tout d'abord, dans ce terme d'*humain* qu'on nous jette au
visage, quelque supercherie? Si ce n'est pas un mot vide de sens, quel sens
possède-t-il au juste?

Il semble que ceux qui l'utilisent à tout propos, ceux qui en font l'unique
critère de tout éloge comme de tout reproche, confondent — volontairement peut-être — la réflexion précise (et limitée) sur l'homme, sa situation
dans le monde, les phénomènes de son existence, avec une certaine atmosphère anthropocentrique, vague mais baignant toutes choses, donnant à
toute chose sa prétendue *signification,* c'est-à-dire l'investissant de
l'intérieur par un réseau plus ou moins sournois de sentiments et de pensées.
En simplifiant la position de nos nouveaux inquisiteurs, on peut résumer
celle-ci en deux phrases; si je dis: «Le monde c'est l'homme», j'obtiendrai
toujours l'absolution; tandis que si je dis: «Les choses sont les choses, et
l'homme n'est que l'homme», je suis aussitôt reconnu coupable de crime
contre l'humanité.

Le crime, c'est d'affirmer qu'il existe quelque chose, dans le monde, qui
n'est pas l'homme, qui ne lui adresse aucun signe, qui n'a rien de commun
avec lui. Le crime surtout, selon leur optique, c'est de constater cette séparation, cette distance, sans chercher à opérer sur elle la moindre sublimation.
Que pourrait être, autrement, une oeuvre «inhumaine»? Comment, en
particulier, un roman qui met en scène un homme et s'attache de page en
page à chacun de ses pas, ne décrivant que ce qu'il fait, ce qu'il voit, ou ce
qu'il imagine, pourrait-il être accusé de se détourner de l'homme? Et ce
n'est pas le personnage lui-même, précisons-le tout de suite, qui est en
cause dans ce jugement. En tant que «personnage», en tant qu'individu

animé de tourments et de passions, personne ne lui reprochera jamais d'être inhumain, même s'il est un fou sadique et un criminel – au contraire, même, dirait-on.

Mais voilà que l'oeil de cet homme se pose sur les choses avec un insistance sans mollesse: il les voit, mais il refuse de se les approprier, il refuse d'entretenir avec elles aucune entente louche, aucune connivence; il ne leur demande rien; il n'éprouve à leur égard ni accord ni dissentiment d'aucune sorte. Il peut, d'aventure, en faire le support de ses passions, comme de son regard. Mais son regard se contente d'en prendre les mesures; et sa passion, de même, se pose à leur surface, sans vouloir les pénétrer puisqu'il n'y a rien à l'intérieur, sans feindre le moindre appel, car elles ne répondraient pas.

Condamner, au nom de l'humain, le roman qui met en scène un tel homme, c'est donc adopter le point de vue *humaniste,* selon lequel il ne suffit pas de montrer l'homme là où il est: il faut encore proclamer que l'homme est partout. Sous prétexte que l'homme ne peut prendre du monde qu'une connaissance subjective, l'humanisme décide de choisir l'homme comme justification de tout. Véritable pont d'âme jeté entre l'homme et les choses, le regard de l'humanisme est avant tout le gage d'une solidarité.

ALAIN ROBBE-GRILLET: *Pour un nouveau Roman* (1963)

62. QU'EST-CE QUE LE RÉALISME?

Mais, dira-t-on, qu'appelez-vous donc un auteur réaliste? Eh bien, tout bonnement – et que cela pourrait-il être d'autre? – un auteur qui s'attache avant tout – quoi que soit son désir d'amuser ses contemporains ou de les réformer, ou de les instruire, ou de lutter pour leur émancipation – à saisir, en s'efforçant de tricher le moins possible et de ne rien rogner ni aplatir pour venir à bout des contradictions et des complexités, à scruter, avec toute la sincérité dont il est capable, aussi loin que le lui permet l'acuité de son regard, ce qui lui apparaît comme étant la réalité.

Pour y parvenir, il s'acharne à débarrasser ce qu'il observe de toute la gangue d'idées préconçues et d'images toutes faites qui l'enveloppent, de toute cette réalité de surface que tout le monde perçoit sans effort et dont chacun se sert, faute de mieux, et il arrive parfois à atteindre quelque chose d'encore inconnu qu'il lui semble être le premier à voir. Il s'aperçoit souvent, quand il cherche à mettre au jour cette parcelle de réalité qui est la sienne, que les méthodes de ses prédécesseurs, créées par eux pour leurs propres fins, ne peuvent plus lui servir. Il les rejette alors sans hésiter et s'efforce d'en trouver de nouvelles, destinées à son propre usage. Peu lui importe qu'elles déconcertent ou irritent d'abord les lecteurs.

Si grande et si sincère est sa passion pour cette réalité qu'il ne recule pour elle devant aucun sacrifice. Il accepte le plus grand de tous ceux qu'un écrivain puisse être amené à consentir: la solitude et les moments de doute et de détresse qu'elle comporte (et que révèlent, chez quelques-uns des meilleurs, des exclamations comme celles-ci: «Je serai compris en 1880» ou: «Je gagnerai mon procès en appel», où il est injuste de voir je ne sais quel rêve enfantin de conquête posthume et de gloire, alors qu'elles montrent chez ces écrivains le besoin de se donner du courage, de fortifier leur certitude, de se persuader que ce qu'ils étaient à peu près seuls à voir était vrai, et non un mirage ou, comme il arrivait à Cézanne de le penser, l'effet de quelque défaut de la vue).

Le style (dont l'harmonie et la beauté apparente est à chaque instant pour les écrivains une tentation si dangereuse), n'est pour lui qu'un instrument ne pouvant avoir d'autre valeur que celle de servir à extraire et à serrer d'aussi près que possible la parcelle de réalité qu'il veut mettre au jour. Tout désir de faire du beau style pour le plaisir d'en faire, pour se donner et pour donner aux lecteurs des jouissances esthétiques, est pour lui proprement inconcevable, le style, à ses yeux, ne pouvant être beau qu'à la façon dont est beau le geste de l'athlète: d'autant plus beau qu'il est mieux adapté à sa fin. Sa beauté, faite de vigueur, de précision, de vivacité, de souplesse, de hardiesse et d'économie des moyens, n'est que l'expression de son efficacité.

Cette réalité à laquelle tous ces écrivains se sont attachés avec une passion si exclusive et si sincère, quand il est arrivé à certains d'entre eux de la saisir, que ce soit sous son aspect métaphysique ou poétique ou psychologique ou social ou — c'était parfois là leur chance, il faudrait plutôt dire leur récompense — sous tous ces aspects à la fois, rien ne parvient plus à la détruire ni seulement à la dégrader. A travers des idées souvent périmées, des sentiments trop connus ou désuets, des personnages plus frustes que ceux que, depuis, nous avons appris à connaître, une intrigue dont ni les péripéties, ni le dénouement n'ont plus rien d'imprévu, sous le lourd appareil que ces romanciers ont dû construire pour la capter et où elle nous paraît aujourd'hui emprisonnée, nous la sentons comme un noyau dur qui donne sa cohésion et sa force au roman tout entier, comme un foyer de chaleur qui irradie à travers toutes ses parties, quelque chose que chacun reconnaît, mais qu'on ne sait désigner autrement que par termes imprécis, tels que: «la vérité» ou «la vie». C'est à cette réalité-là que nous revenons toujours, malgré nos trahisons et nos égarements passagers, prouvant par là qu'en fin de compte c'est à elle que nous aussi nous tenons par-dessus tout.

NATHALIE SARRAUTE: *L'ère du soupçon* (1956)

63. L'ART DE LA MISE EN SCÈNE

Mettre en scène, c'est retrouver l'état d'esprit de l'auteur, l'humeur ou le ton de l'auteur au moment de l'écriture, son inspiration. Nul ne peut décrire, expliquer cet instant, majeur, capital, pendant lequel l'auteur se commente lui-même, écrit ce commentaire souverain de sensations, de sentiments et d'idées: une pièce.

Absent ou présent, celui qui fait une oeuvre dramatique véritable n'est pas capable de s'avouer ou de se confesser.

Dans cette alchimie de sensations, de sentiments et d'idées, ni l'analyse, ni le raisonnement ne peuvent s'exercer. *La pièce est indissociable.* C'est une vanité et une erreur de vouloir la raisonner, l'argumenter, d'en découvrir les sources, d'en identifier les emprunts, d'en chercher les pourquoi et les comment, de tenter de la reconstruire, d'en vouloir trouver les procédés de fabrication.

C'est aussi une erreur et une vanité de vouloir l'assujettir, la modeler, l'accommoder à un point de vue, à une théorie ou à une conception.

Une pièce de théâtre est irréductible.

Irréductible à l'analyse, au raisonnement, aux synthèses, aux inductions, à la dialectique et aux discussions, expliquée dix fois, cent fois, elle ne livre jamais tout entier son secret. Interprétée cent fois, mille fois, elle garde encore en elle d'infinies possibilités de représentations, d'exécutions de significations.

Si la pièce de théâtre contient d'infinies possibilités, ce n'est pas de celles-ci que le metteur en scène doit s'enrichir ou se prévaloir. Ce n'est pas en se saisissant des occasions, des opportunités, des accidents de la pièce, ce n'est pas en l'interprétant, en l'expliquant, en la maquillant qu'il la fera vivre, qu'il remplira son rôle et sa fonction, mais seulement *en cherchant à retrouver l'état d'esprit de celui qui l'a écrite.*

L'oeuvre est intangible; elle est un cercle magique et enchanté, un cercle fermé à tous ceux qui veulent tenter de le franchir par les ressources du raisonnement ou de la logique, de leurs goûts ou de leurs tendances. Elle échappe à toutes les perquisitions, à toutes les pressions; elle est irréductible parce qu'elle est *un message, une adresse, un cadeau.* Elle dépossède l'auteur de lui-même. L'instant passé de cette délivrance et de ce don, la pièce prend pour tous ceux qui l'approchent une forme et une apparence énigmatiques et secrètes.

LOUIS JOUVET: *Témoignages sur le Théâtre* (1952)

64. L'ARCHITECTURE FRANÇAISE DU MOYEN ÂGE

En ce qui concerne l'architecture, il faut s'accoutumer, pour en avoir une opinion exacte et en tirer une jouissance supérieure, à distinguer les constructions dont la figure et la matière sont demeurées indépendantes l'une de l'autre, de celles où ces deux facteurs ont été rendus comme inséparables. Le public confond trop souvent les qualités véritablement architectoniques avec les effets de décor purement extérieurs. On se satisfait d'être ému, ou étonné, ou amusé par des apparences théâtrales; et sans doute, il existe de très beaux monuments qui émerveillent les yeux quoiqu'ils soient faits d'une grossière matière, d'un noyau de concrétion revêtu d'enduits menteurs, de marbres appliqués, d'ornements rapportés. Mais au regard de l'esprit, *ces bâtisses ne vivent pas.* Elles sont des masques, des simulacres sous lesquels se dissimule une misérable vérité. Mais au contraire il suffit au connaisseur de considérer une simple église de village, comme il en existe encore des milliers en France, pour recevoir le choc ému, profond, et ressentir, en quelque sorte, *le sentiment d'une synthèse.*

Nos constructeurs des grandes époques ont toujours *visiblement* conçu leurs édifices d'un seul jet — et non en deux *moments* de l'esprit ou en deux séries d'opérations, les unes, relatives à la forme, les autres à la matière. Si l'on me permet cette expression, ils pensaient en matériaux. D'ailleurs la magnifique qualité de la pierre dans les régions où l'architecture médiévale la plus pure s'est développée, était éminemment favorable à ce mode de concevoir. Si l'on considère la suite des découvertes et des réalisations qui se sont produites dans cet ordre des choses du XIIe au XIVe siècle, on assiste à une évolution bien remarquable, qui peut s'interpréter comme une lutte entre une imagination et des desseins de plus en plus hardis, un désir croissant de légèreté, de fantaisie et de richesse, — et d'autre part, un sentiment de la matière et de ses propriétés qui ne s'obscurcit et ne s'égare que vers la fin de cette grande époque. Ce développement est marqué par l'accroissement de la science combinée de la structure et de la coupe des pierres, et s'achève par des prodiges et par les abus inévitables d'une virtuosité excessive.

Mais avant d'en arriver à cette décadence, que de chefs-d'oeuvre, quels accords extraordinairement justes entre les facteurs de l'édifice! L'art n'a jamais approché de si près la logique et la grâce des êtres vivants, — j'entends, de ceux que la nature a heureusement réussis, — que dans ces oeuvres admirables qui bien différentes de celles dont la valeur se réduit à la valeur d'un décor de théâtre, supportent, et même suggèrent et imposent, le mouvement, l'examen, la réflexion. Circonstance singulière: nous ignorons entièrement les méthodes, la culture technique et théorique, les connaissances mathématiques et mécaniques de leurs grands créateurs.

Je signalerai au passage deux caractères très importants de leurs ouvrages, qui illustreront avec précision ce que je viens de dire au sujet de leur manière de concevoir. Entrez à Notre-Dame de Paris, et considérez la tranche de l'édifice qui est comprise entre deux piliers successifs de la nef. Cette tranche constitue un tout. Elle est comparable à un segment de vertébré. Au point de vue de la structure comme au point de vue de la décoration, elle est un élément intégrant complet et visiblement complet. D'autre part, si vous portez votre attention sur les profils des formes, sur le détail des *formes de passage,* des moulures, des nervures, des bandeaux, des arêtes qui conduisent l'oeil dans ses mouvements, vous trouverez dans la compréhension de ces mouvements auxiliaires si simples en eux-mêmes,

une impression comparable à celle que donne en musique l'art de moduler
et de transporter insensiblement d'un état dans un autre une âme d'auditeur.
PAUL VALÉRY: *La France* (1951)

65. L'ART DE CONSTRUIRE

Il n'y a pas d'architectes aujourd'hui à Vézelay et ceci nous vaut que la
ville est intacte, sans un hiatus. C'est une sensation doucement pénétrante
d'harmonie, et rare, ma foi. Il n'y a pas eu *autrefois* d'architectes à
Vézelay, mais des bâtisseurs. De père en fils ou autrement: de main à main
en tous cas, chaîne continue tendue à travers les sautes des modes ou des
styles, raison même de ce qui charme ici: les nuances. Ou peut s'arrêter
devant chaque maison, très vieille ou plus récente et y pénétrer; les solutions
sont vivantes, intelligentes, économes, constructives, saines, soignées; elles
sont polies et aimables; on voisine, architecturalement, avec courtoisie. Le
maçon, le charpentier, retrouvent à côté d'eux comme dans la maison même
où ils apportent quelque changement, un maçon et un charpentier qui
comme eux travailla les mêmes pierres. Le maçon Papillon puisant aux
mêmes carrières, entasse ses pierres avec une minutie purement et simplement naturelle. Le charpentier Rousseau introduit parfois une poutrelle
d'acier profilée, mais il semble avoir dit: «Pardon», par politesse.

Les grandes tâches modernes ne leur ont pas été imposées; voici pourtant
un hangar de tôle onduléé, parois et toiture, installée contre un vieux
bâtiment avec un élégance parfaite. Les choses sont taillées à la dimension
de l'épaule, à la hauteur de bras levé, à l'invite de l'appui. Le roman a
succédé au gothique et des siècles d'anonymat suivirent; la ville avait
probablement perdu son rayonnement. Oui, puisque de 12.000 au moyen
âge, le chiffre des habitants est tombé aujourd'hui à... 600. On boucha des
fenêtres géminées et on installa à côté, ayant distribué différemment les
pièces à l'intérieur, une fenêtre carrée plus pratique avec sa menuiserie.

Ces logis de simples gens offrent quelle sensation chaude et loyale, com-
parée à la taille indifférente et sans coeur des chambres de villes! Le souhait
ne me vient pas, n'est-ce pas, d'aménager de neuf des décors opéra-comique
de fenêtres géminées, de voussures sculptées, de grilles de fer forgé? Ce que
les siècles ont fait, par addition et retouches incessantes, est une chose cap-
tivante; mais les tâches qui nous réclament sont une autre chose — aujourd'
hui.

Je regarde pour m'affermir dans l'architecture, la simple et nette expression humaine: je parle de fenêtres carrées, trous précis dans le mur avec
leur couverte et décharge et leur menuiserie de bois dedans. Je parle de
lucarnes nues et de toits, les toits de toujours, sans faîtière ornée, de tuile
plate arrêtée à ras du pignon, jointe au mortier avec une courbure dans le
profil et un galbe sur le flanc du mur, qui sont de purs actes de sensibilité.

Et les trois marches devant la porte, et la mesure de celle-ci, etc., choses qui ne sont ni plus ni moins que l'architecture même, c'est-à-dire l'art de bâtir. La notion du vrai est pertinente, l'appréciation des fonctions, de leur hiérarchie, de leur raison d'humilité, de leur état de *servantes*. Servir et non représenter: nous voici en plein problème contemporain. La société moderne s'est laissée hisser sur l'étal des «valeurs de considération»; le percepteur impose désormais sur les «signes extérieurs». Il est, ici, dans ces bonnes maisons, des gens qui ont du fumier aux sabots, et toutefois un million en banque.

LE CORBUSIER: *Sur les Quatre Routes* (1941)

66. DIFFICULTÉS DE PARLER DE LA PEINTURE

Ce qui m'ennuie quand je parle d'un tableau, c'est qu'il m'est impossible d'exprimer la couleur. C'est cependant l'essentiel. J'ai beau dire rouge, vert, bleu, jaune, ces mots ne font rien voir. J'ai remarqué que les habiles font alors intervenir des métaphores. Cela fait croire à tout le monde qu'on a réussi. Mais, qui peut affirmer qu'il a *vu* un tableau quand on le lui décrit avec des mots? Le décrire avec des sentiments (ce qui, au premier abord, paraît mieux) ne sert finalement qu'à brouiller les cartes. C'est que, pour exprimer, il faut un alphabète commun. La Madone de Stéphano me fait penser aux prairies du mont Viso en pleine floraison de juillet (me donne une joie semblable). Mais qui est arrivé exactement à la même heure que moi, dans le même angle de vision que moi aux prairies de Viso, le 6 juillet 1915? Il y faudrait aussi avoir vingt ans, être soldat au 159e régiment d'infanterie alpine, dans une compagnie qui a un bon sergent, faire grand-halte avec une faim de loup, entamer un casse-croûte de sardines à l'huile, aimer les sardines à l'huile, sentir qu'on a toute une bonne heure pour reposer ses pieds et savoir qu'on a encore tout un bon mois avant de partir pour la guerre. Je ne parle pas de la lettre de la maison que j'avais reçue la veille, et du mandat qu'elle contenait. J'avais aussi un très bon copain près de moi. Enfin, il était dix heures juste. (A dix heures et demie, c'était déjà différent à cause du vin de mon bidon qui avait tourné pendant la marche.)

La princesse de Trébizonde est dans un coin de la basilique de Sainte-Anastasie, au fond, à main droite, en haut d'une voûte, trop haut pour qu'on puisse en avoir le plaisir qu'on attend. Les dégradations de cette fresque qui font affleurer dans la couleur des plaques de crépi nacré et le pelage de renard d'une pierre grasse ajoutent à la magie. Il y a dans le doré général quelques touches de rose (certaines toitures de la ville), de violet (le ciel à travers les arbres de la forêt), de rouge (la couverture sous la selle du cheval) qui sont comme des clous de girofle dans un plat (quand on aime le girofle et qu'il en faut dans ce plat). J'ai un amour particulier pour les dessins de Pisanello (je comprends toujours mieux les dessins que la peinture). Quatre ou cinq reproductions (en noir) de la princesse de Trébizonde me servent depuis longtemps de signet dans les livres. Ici, je vois le visage avec sa couleur. Voilà cet admirable front de Bretonne, ce nez de fer, ces lèvres où la sensualité est légèrement dédaigneuse, cette belle oreille, ce monstrueux chignon peints dans le même ton de jaune clair que les talus dorés qui sont au-dessus. C'est bien le teint d'une prisonnière qu'on délivre. De l'autre côté du cheval, à peine si la tête de saint Georges est plus rousse. Lui aussi n'a plus une goutte de sang dans ses veines, malgré sa bouche de requin-marteau. Est-ce qu'il descend de cheval ou est-ce qu'il est sur le point de se remettre en selle? Rien n'est plus nu que le visage de la princesse. C'est un moment très délicat dans les buissons vert bronze où se passe cette scène. Il n'y a qu'à regarder l'oeil de cette femme pour s'en convaincre. Et sa main, un peu effacée.

JEAN GIONO: *Voyage en Italie* (1953)

67. LES FRESQUES DE GIOTTO

L'art, avant Giotto, la grande formule byzantine, c'était la mosaïque, c'est-à-dire la décoration sous sa forme la plus hiératique et la plus somptueuse. On se servait aussi de la fresque, mais comme d'une art inférieur, sans existence propre, et qui toujours de près ou de loin imitait l'art rival. Et cet art de la mosaïque est vraiment un grand art. Qui a vu Ravenne, Daphni, Monreale, Cefalù sait ce qu'a de magique et de vraiment royal cette «peinture pour l'éternité». Seulement elle a ses lois, qui sont celles de la rigueur et de l'immobilité. Quelque chose d'abrupt, une solennelle torpeur, un aspect de somnambulisme et d'inertie sublimes, frappe les créatures de ce monde surhumain qui flotte là-haut sur les coupoles, dans l'éclat fixe de ses pierreries et de ses pâtes vitrifiées, avec un air d'apparition.

A ce procédé lent et coûteux, la fresque rapide, à bon marché, substitue des moeurs plus libres et des audaces nouvelles. Les formes se mettent à ondoyer dans des bords moins rigides. Les corps s'assouplissent et respirent. Une troisième dimension, l'espace en profondeur, s'ajoute aux deux premières et accroît l'étendue autour des personnages. L'atmosphère circule et palpite. Délivrée de la gaine d'opulence qui l'opprime, la peinture pauvre acquiert une richesse nouvelle; la matière plus liquide, plus coulante, se prête mieux aux émotions, obéit davantage aux impressions du peintre. Une vie inconnue, qui lui vient de l'exécution, c'est-à-dire de la sensibilité personnelle de la nature et d'une faculté d'imitation plus grande. Ses possibilités s'accroissent de toutes parts. Par l'autorité de ses chefs d'oeuvre, Giotto émancipe la fresque, constitue la peinture en genre indépendant. Enfin, il la nationalise. Ce qu'elle perd en prix matériel, elle le gagne en âme, en esprit. Ainsi se crée ce style, ce *dolce stil nouvo* qui allait à jamais enchanter l'Italie, et qui n'est autre qu'une volubilité, une popularité d'accent et de langage, un vocabulaire agrandi pour embrasser, pour égaler de plus en plus l'imaginaire et le réel – la double face de la vie.

LOUIS GILLET: *Histoire artistique des Ordres Mendiants* (1939)

68. LE STYLE LOUIS XV

Humain et gai, fleuri et sinueux, tel est, en quelques mots, le style Louis XV.

Le XVIIIe siècle, dans l'art comme dans la littérature, s'intéresse d'abord à l'homme. Ainsi peinture et sculpture, dans le portrait, loin d'idéaliser, essaient de rendre la vie, de traduire même l'esprit du modèle. La recherche du confort est un autre aspect de cet art, que l'on pourrait qualifier de matérialiste, si le mot n'était trop fort pour un siècle si spirituel, quoique peu mystique. L'architecte s'applique aux petits logements intimes, où l'on peut vivre tranquille. L'ébéniste et le menuisier créent des sièges accueillants, des meubles commodes, et l'ensemble des arts converge vers la maison.

Mais ce n'est pas une société morose, et tout montre l'aspect de la gaieté: la femme est reine. Peintures, desseins, gravures, aussi bien que statuettes de porcelaine, ne dédaignent pas le sujet léger, si ce n'est érotique. Les murs sont clairs, de décor enjoué, de couleurs douces et agréables. L'or, appliqué çà et là sur le bois ou rutilant sur le bronze, apporte aussi son éclat joyeux. La lumière entre vivement dans les appartements, et ils sont bien de leur temps, ces terribles chanoines qui remplacent par du verre blanc les précieux et sombres vitraux de nos cathédrales gothiques.

Complaire à l'homme, égayer son regard, tel paraît être le but des fleurs, aussi les voit-on partout prodiguées: fleurs des jardins, dont les plus précieuses sont cultivées chez le Roi lui-même dans les serres de Trianon, fleurs véritables qui envahissent les appartements, fleurs artificielles surtout, fragiles fleurs de porcelaine qui, dans la maison, autour du suave parfum des «pots-pourris», donnent l'illusion de la vie—à tel point que Mme de Pompadour tente une fois, avec une prodigalité inouïe, de fleurir ainsi, en plein hiver, un parterre de Bellevue—fleurs de bronze aussi, groupées aux alentours de la cheminée, fleurs sculptées dans la pierre des façades, fleurs détaillées sur le bois des murs ou des sièges et souvent colorées au naturel, fleurs peintes, tissées ou brochées sur les soieries de l'ameublement ou du vêtement, fleurs ciselées dans l'or des tabatières comme dans l'argent des services de table, fleurs imaginaires ou très réalistes, toutes se retrouvent à profusion.

85

L'adoption systématique de la ligne courbe et le triomphe de la rocaille
sont les conséquences de cette exubérante gaieté et de cette richesse florale.
Courbes et contre-courbes s'affrontent ou se croisent selon les caprices les
plus variés; entre elles s'enlacent des fleurs, et, comme dans la nature, la
rocaille offre ses saillies imprévues et son asymétrie fantasque, auxquelles
s'ajoute souvent un brin d'exotisme.

PIERRE VERLET: *Le Style Louis XV* (1943)

69. GREUZE, PEINTRE ÉQUIVOQUE

Moralisateur, Greuze ignore la pureté: sa moralité procède d'une sorte de
refoulement religieux dans un être et à une époque qui se détachent de la
religion. Nous assistons à l'accouchement de la morale laïque, composée,
outre le sentiment de la délivrance, de remords, d'orgueil, de sacrilège et de
jouissance intime. Héritier d'un siècle janséniste, comblé par l'introduction
des protestantismes anglais et allemand, inquiet d'une religiosité naturelle,
enveloppé de la sensualité ambiante, l'art de Greuze est un document type
du conflit des âmes et de la confusion spirituelle d'alors. Il présente en
même temps, juxtaposés, le goût du péché et son repentir, son attirance
instinctive et sa répulsion volontaire, et il se plaît à dire l'un autant que
l'autre. Mais ce n'est pas franchises ni sincérités successives: pour Greuze
comme pour son époque et son entourage, même pour Diderot malgré son
amour passionné d'une certaine vertu et dans son incapacité de se réfugier
sous l'habile ironie voltairienne, c'est duplicité. Puritain, Greuze s'oblige
à peindre sans aucune sensualité de pinceau ou de crayon ses prétentieuses
compositions: rubénien, il expose en même temps des visages empâtés de
jeunes vierges conçues voluptueusement. Il ne sait, comme Rubens l'avait
fait si joyeusement et si sainement, résoudre le problème de la religion et
de l'art; sa religion n'est que faux compromis; il prétend reprendre au nom
de la société profane la mission de l'art chrétien; il en adopte les thèmes, en
laïcise les paraboles, mais se perd dans cette néo-morale sans doctrine, sans
fondement et sans sanction supérieure. On voit très bien ce peintre hogar-
thien des pères de famille, ce romancier plastique de *Basile et Thibaut* qu'il
rêvait être, faire une carrière à la Boucher qu'il jalousait et détestait à la
fois; sa nature jouisseuse le lui aurait permis, à défaut des dons brillants
et raffinés qu'avait reçus le peintre de la Pompadour. Mme Greuze, la pro-
vocante et raccrocheuse Gabrielle Balbuti qui hantera toutes les peintures
de son mari n'est-elle pas le type même des modèles de Boucher? Le temps
contraignit Greuze, et Diderot avait proclamé qu'on en avait assez des
tétons et des fesses; les allusions et les sous-entendus gaillards seront seuls
autorisés. Greuze ne pourra lâcher bride à ses instincts que sous le couvert
de la vertu, et toute défaillance sera pardonnée si elle s'avoue comme excès
d'innocence. Peindre l'innocence, ce sera évoquer son contraire. Sous le

pinceau de Greuze, la pudeur signifiera la faute, la pureté la faiblesse, l'innocence la science, l'enfant la femme. Greuze a ainsi créé un type de femme-enfant à tête de fillette et à corps de jeune fille nubile qui est le produit d'une double déformation physique et morale, et qui semble fabriqué de morceaux détachés.

MICHEL FLORISOONE: *La Peinture française: le dix-huitième siècle* (1948)

70. L'ART RELIGIEUX AU XIXe SIÈCLE

L'étude du mouvement intellectuel dans l'église catholique en appelle complémentairement une autre: celle du mouvement artistique. Entre les deux existe généralement un parallélisme; l'esthétique, à sa façon, traduit la pensée, accusant les richesses, les déficiences, la rectitude, les déviations de celle-ci.

Dans le domaine de l'architecture religieuse, à ses débuts, le XIXe siècle ne se montre pas créateur; il faudra atteindre sa fin pour qu'on se décide à innover. On se contente d'abord de restaurer, entreprise bien nécessaire après les ravages de la Révolution et des guerres impériales. A Rome, les restaurations, celle de Saint-Paul-hors-les-murs y compris, se bornent à reconstituer les monuments anciens dans le style des vieilles basiliques ou de la Renaissance. En France, en Allemagne, si on se tourne vers le passé, c'est surtout pour revenir à l'art ogival, grâce aux romantiques. Les instances de ceux-ci obtiendront en 1837 du gouvernement de Louis-Philippe l'institution d'un Comité des Monuments historiques pour la conservation et la réfection des chefs-d'oeuvre du Moyen âge. N'a-t-on pas transformé le Mont-Saint-Michel en prison, le palais des papes d'Avignon en caserne? Après le vandalisme des chanoines du XVIIIe siècle, qui brisèrent jubés et vitraux, celui des jacobins n'a-t-il pas multiplié les mutilations? Sous le Premier Empire, il faut en outre, surtout en Bretagne, reconstruire. On le fera sans frais d'imagination, sans idées, sans âme; la banalité sévit, le pastiche également, qui aboutiront à la solennité bourgeoise des églises du Second Empire. De l'art gréco-romain on s'inspire peu en France: la Madeleine de Paris devait être, à l'origine, un temple de la Gloire et ne reçut que plus tard une destination religieuse peu en rapport avec sa destination première. Par exception Notre-Dame de Lorette commencée en 1823 par Le Bas, Saint-Vincent-de-Paul, bâtie de 1824 à 1844, par Lepère et Hittorf, copient les basiliques romaines.

La sculpture, qui avait connu au XVIIIe siècle tant de grands maîtres dans l'art profane, plus encore dans l'art sacré, dépérit. La peinture en revanche manifeste un renouveau de vitalité. En Allemagne, Overbeck et ses amis de la Fraternité Saint-Luc, conquis par les primitifs italiens, réagissent contre le paganisme académique; ils retrouvent, avec la foi, une inspiration chrétienne. Ces nazaréens – (ainsi les appelle-t-on parce qu'ils laissent croître leur chevelure en la divisant au milieu par une raie) – méritent le titre de peintres des âmes. Ils méritent également celui de préraphaélites, parce que, remontant au dela de Raphaël, auquel ils reprochent de s'en tenir à la beauté des corps, ils préconisent l'idéal de ses prédécesseurs et s'attachent à l'immatériel.

Overbeck exécute dans ce style ses fresques fameuses: *Joseph vendu par ses frères*, le *Rêve de Pharaon*, la *Jérusalem délivrée*, la *Vision de Saint François* à genoux devant un autel sur le quel le Christ et la Vierge laissent tomber une pluie de roses. On a pu lui reprocher son archaïsme étudié, qui n'a pas la fraîcheur naïve de ses modèles, son mépris des formes physiques, son abus du dessin aux dépens de la couleur. On a observé que «cet adroit calligraphe» avec son «âme de saint et de poète, venu au monde au XVIe siècle, eût compté parmi les maîtres de son temps», mais que son primitisme du XIXe siècle ne présentait rien d'authentique. En rappelant la nécessité de l'inspiration religieuse, il a du moins rendu à la peinture catholique un service aussi incontestable qu'opportun. Il se survivra, avec un hiératisme accru et une simplicité aussi cherchée, dans l'école de Beuron.

JEAN LEFLON: *La Crise révolutionnaire 1789-1846* *(Histoire de L'Église depuis les origines jusqu' à nos jours*, Vol. XX) (1949)

71. LA CÔTE D'AZUR, CENTRE DE CULTURE

Jusqu'à ces dernières années, la Côte d'Azur était considérée par ses visiteurs comme une terre de plaisir où l'esprit avait peu de place. On ne songeait pas à disputer ses prérogatives au roi Carnaval. Les poètes locaux qui s'exprimaient dans leurs dialectes et des érudits confinés dans de petites sociétés provinciales, étaient, bien entendu, ignorés quel que fût leur mérite. Seules, quelques familles marquantes associées à la vie mondaine qu'entretenaient les résidents fortunés nouaient quelques liens entre la population autotochtone et les hôtes de passage.

Pourtant, dès les années 80, un grand nombre d'écrivains, de peintres, de sculpteurs, de compositeurs travaillent sous le soleil de la Riviera. A eux seuls, les noms des artistes rempliraient tout un annuaire. Citons au hasard Ziem, Marie Bashkirtseff (qui, elle, essaya de comprendre sa patrie d'adoption en profondeur), Paul Delaroche, Rosa Bonheur, Corot, Meissonier, Fromentin, Harpignies, Carpeaux, Rodin, Lebasque, Signac, Bonnard, sans oublier Renoir.

Du côté des musiciens, la liste est plus longue encore: de Berlioz à Fauré et à Reynaldo Hahn, d'illustres compositeurs font passer dans leurs oeuvres un peu de la lumière qu'ils sont venus chercher. Georges Bizet, entre autres, découvre dans cette lumière une formule esthétique et un style de vie.

Pendant longtemps, tous ceux qui composent l'élite de passage n'entrent guère en contact avec les «natifs». En revanche, pour ces derniers, ils passent indistinctement pour des «Anglais», nationalité automatiquement accordée à toute personne étrangère à la région. C'est Alexandre Dumas qui en fait la constatation.

Cette cloison étanche entre «étrangers» et «natifs» explique que très peu d'oeuvres de grands artistes aient été recueillies sur ce littoral où plusieurs d'entre eux ont vécu. On a pu s'étonner que les communes n'aient pas pensé à constituer des musées avec des chefs-d'oeuvre qu'elles pouvaient facilement se procurer. Réciproquement, il ne venait pas à l'esprit de leurs auteurs d'offrir à des municipalités, qu'ils devaient considérer comme plutôt arriérées, des toiles ou des sculptures qui n'eussent pas été appréciées. On s'ignorait de part et d'autre, et les rapports réciproques étaient ceux de propriétaire à locataire ou d'hôtelier à client.

La Riviera, terre de tourisme, terre d'accueil à vocation internationale, n'a pratiquement pris conscience de sa vocation culturelle que depuis la dernière guerre mondiale. Cette région devait, en effet, évoluer très rapidement dans un monde où la technique bouleverse les structures économiques et même sociales. Devenue très peuplée, il lui fallait une université. Elle l'a aujourd'hui, grâce aux efforts conjugués de l'Etat et de la ville de Nice, dont l'équipement culturel s'enrichit d'année en année.

En l'espace de quatre lustres, il s'est produit dans ce domaine un phénomène de cristallisation dont ont profité parallèlement les établissements artistiques: fondations et musées. La Côte d'Azur pense encore «tourisme», mais elle pense aussi «culture», ce qui fait que le tourisme y devient «culturel» incitant le voyageur à s'intéresser non seulement aux sites et aux monuments anciens, mais encore aux manifestations de l'art vivant.

RENÉ ROUSSEAU: *Le Figaro Littéraire,* 10 mars, 1969

72. LA CRITIQUE MUSICALE

Il est difficile de parler de musique? Certes, n'est-il pas difficile de parler de quoi que ce soi? Mais plus que toute autre chose, susurre-t-on; je me demande. Ne serait-elle point due, cette apparence, à l'insuffisance notoire de la plupart des spécialistes en ce genre littéraire, la critique musicale, en France, pays, ce n'est que trop connu, peu cultivé dans ce domaine? On hésite entre deux excès: l'appréciation, l'évocation selon le sentiment obscur de quelques images peu variées, ou bien l'analyse technique tout à fait sèche. La première, si elle n'est point capable de se justifier en produisant quelques détails pour preuves, reste arbitraire, intéressante tout au plus à nous renseigner sur la psychologie de son auteur, rêve, ma foi, qui aurait pu tout aussi bien être provoqué par une autre occasion, par exemple par l'audition d'une autre sonate ou symphonie; la seconde, qui fait plus illusion parce qu'elle témoigne au moins d'une étude, reste obscure, laisse le texte obscur, est vaine tout autant, si, au milieu de ses explications, dissections, ne pointe un sens, si l'on ne nous renseigne par quelque lueur sur le pourquoi de ces modulations, séries, renversements, ou groupes. Un préjugé a régné quelque temps, ridiculement court par rapport à l'histoire d'un tel art, analogue à cette autre sottise: que la peinture ne devait point figurer, à savoir que la musique n'exprimait rien; même des compositeurs, par trop de prudence, s'y sont laissé prendre en paroles, embrouillant tout; il n'est que trop facile d'analyser, d'après les pressions sociales, les raisons d'une telle timidité.

Que la musique nous renseigne est évident; les ethnographes et historiens nous en apportent constamment la preuve. Qu'elle nous renseigne sur nous-mêmes, ne serait-ce que sur l'*évasion* dont nous avons besoin de temps en temps, et que ses partitions nous permettent d'étudier précisément, en nombres et structures, ne l'est pas moins. Mais elle peut nous éclairer plus encore, non seulement l'origine d'un discours instructif, mais elle-même commentaire et critique.

Des ignorants, des insensibles essaient parfois de dénier à l'écrivain le droit d'élucider les raisons de ses affections. Étrange crainte! Il est des êtres, semble-t-il, que la seule annonce d'une lumière possible fait se rétracter terrorisés, comme si elle devait fatalement les dissoudre. Mais, pour notre bonheur à tous, les musiciens, eux, et les peintres, qui, après quelques années maintenant de stagnation dans l'académisme informel ou autre, commencent enfin à retrouver, de plus en plus décidément et courageusement, ce que certains, les plus grands à coup sûr, n'avaient jamais perdu, des visées tout autrement hautes, une ambition d'hommes entiers, s'adressent aux lettres pour tirer d'un tel gisement les moindres minéraux ou étincelles utilisables dans leur aventure. Qui, vraiment, aurait le pauvre coeur de se refuser à la poursuite d'un dialogue si amicalement, passionément engagé, ou plus exactement repris, continué, comme le moindre retour en arrière nous l'affirme?

MICHEL BUTOR: *Essais sur les Modernes* (1960)

73. SVJATOSLAV RICHTER: LE GRAND MAGE DU PIANO

Richter a entrepris son tour de France annuel. Car le monde entier se l'arrache mais lui continue d'aimer d'amour tendre la province française. Un mois durant il voyage en voiture, de Strasbourg à Caen, de Bourges à Montpellier ou à Toulon, jouant pour les sociétés locales, dans les maisons de la culture, pour les élèves des conservatoires, recherchant cette intimité chaleureuse et familiale dont le privent les grands publics internationaux.

J'ai donc fait le voyage du Havre pour entendre les «Etudes symphoniques», de Schumann, et «Tableaux d'une exposition», de Moussorgski, au milieu des plantes vertes et des primevères en pot. Ce fut tout simplement inoubliable.

Les schumanniens éperdus n'auront peut-être pas retrouvé le climat romantique évanescent auquel ils sont habitués, les analystes auront beau jeu de discuter la liberté que l'interprète prend avec les textes. Peu importe: Richter reconstruit les «Etudes» suivant une logique et une sensibilité qui lui sont propres. Il les révèle dans leurs détours secrets et il les transfigure à la fois. On n'échappe pas à l'envoûtement de cette inexplicable sorcellerie des sons.

Bien plus étonnants encore ont été les «Tableaux d'une exposition». Là, il faut se rappeler que l'oeuvre de Moussorgski n'a plus très bonne presse. D'abord, c'est une immense fresque décorative, franchement descriptive et sans beaucoup de raffinements formels. De plus, il est reconnu qu'elle n'est pas très bien écrite pour le piano: il y a des sonorités *creuses* qui passent difficilement, un tissu rêche, nu, qui fait souvent geindre l'instrument. Certes, on distingue là-dessous les couleurs de l'orchestre, mais ce n'est que l'orchestration de Ravel qui leur rendra pleinement justice. Enfin, cette musique tombe mal sous les doigts et impose des acrobaties presque impossibles et même pas spectaculaires.

Tout cela on le croyait jusqu'à Richter. Maintenant, il faut tout repenser. A la lumière de son interprétation objective comme une photographie et visionnaire comme une révélation, l'oeuvre s'articule en effet suivant un dessin formel très précis. On voit pour la première fois que le thème de la «promenade» ne sert pas seulement de transition entre les dix évocations mais qu'il est le ferment générateur de toute la pièce. Plus le personnage du visiteur, qu'il incarne, progresse au long de l'exposition, plus le thème raccourcit et plus il se projette dans le tableau, au point de s'y fondre totalement après les «Catacombae sepulcrum romanorum», où il descend «avec les morts, dans la langue des morts», selon les propres indications du compositeur. Chaque *promenade* est pour Richter tout à la fois une séparation et un trait d'union, un repos et un élan. Il y affirme une démarche dégingandée, indifférente, un peu lourde à la «paysan russe abreuvé de vodka», en même temps qu'il souligne ce qui fait écho au tableau précédent ou annonce celui qui va suivre.

Un judicieux dosage des respirations, des silences et des dynamiques maintient sans arrêt le suspens du discours et relance toujours avec beaucoup d'à-propos chaque nouvel épisode. Ainsi du gigantesque *crescendo* final de «Baba-Yaga», qui débouche sur le *mezzoforte* inattendu du premier accord de «la Grande Porte de Kiev», et qui vous coupe littéralement le souffle.

Ce qui frappe aussi, c'est que Richter ne cherche pas à faire *joli* à tout prix. Au contraire, il trouve dans les laideurs sonores de cette partition de nouvelles ressources expressives qu'il met au service de la fantasmagorie hallucinante de l'évocation. L'acidité de quelque dessin mélodique, la dureté de quelque accord *fortissimo* ne le rebutent pas plus que les dissonances accidentelles ou recherchées dont Moussorgski enrichit son langage.

Sous les doigts de Richter, le moindre détail est sévèrement contrôlé et mis en place avec soin dans l'architecture générale. L'harmonie, en particulier, est d'une homogénéité sans exemple. Qu'on écoute donc les petits accords étouffés du chant religieux qui interrompt le carillon de «la Grande Porte de Kiev»: ils sonnent comme ceux d'un harmonium lointain. Et que dire de l'avant-dernière page où toutes les cloches de la sainte Russie semblent se mêler dans la plus impressionniste brume musical! Rien n'est laissé au hasard. Il semble qu'après avoir disséqué, analysé chaque phrase, chaque agrégation, Richter réassemble, reconstruise sous nos yeux le monument, comme Boulez avec Stravinski ou Berlioz.

MAURICE FLEURET: *Le Nouvel Observateur*, 24 mars, 1969

74. LA CRÉATION ARTISTIQUE

Au centre du bergsonisme, il y a ce que M. Berthelot appelle l'idée de vie, et qui n'est pas plus idée que sentiment ou volonté: disons la conscience de la vie, comme d'un élan imprévisible et créateur. Cet élan le philosophe nous le fait comprendre, mais il ne nous le fait pas voir. Il ne peut que nous apprendre à le voir, comme dans l'allégorie de la caverne. A le voir d'abord en nous. Et ensuite et surtout chez ceux des hommes où cet élan apparaît en gros traits, substantiel et chargé, créateur d'objets qui demeurent, c'est-à-dire chez les artistes. Si la réalité est création, c'est dans nos moments de création que nous saisirons la réalité: tels, l'acte générateur, l'amour maternel, la production de l'oeuvre d'art. «Le temps est invention ou il n'est rien du tout.» Dès lors le temps réel nous apparaîtra plus claire-ment dans l'invention la plus pure et la plus forte, l'invention artistique. Il n'en est pas en effet des productions de l'amour et de l'art comme de la production des outils, des machines, et en général de tout le travail utilitaire. Dans ces derniers cas produire c'est vouloir produire, créer c'est créer d'abord le modèle sur lequel on créera, comme le demiurge du *Timée*. Mais dans l'amour comme dans l'art l'acte de création est incommensurable avec la réalité créée. Comme un oeil est produit par l'acte simple de la vision, un homme est fait dans l'acte simple de la génération. «La nature n'a pas eu plus de peine à faire un oeil que je n'en ai à lever la main.» Elle a eu sans doute le même complexus de plaisir et de peine que des parents à faire un enfant, un poète à écrire un poème. «L'acte d'organisation a quelque chose d'explosif. Il lui faut, au départ, le moins de place possible, un minimum de matière, cómme si les formes organisatrices n'entraient dans l'espace qu'à regret. Le spermatozoïde, qui met en mouvement le processus évolutif de la vie embryonnaire, est une des plus petites cellules de l'organisme.»

Il va de soi que la production artistique, qui a besoin de matière, ne réalise jamais cet état explosif. «La fabrication va de la périphérie au centre, ou, comme diraient les philosophes, du multiple à l'un. Au contraire le travail d'organisation va du centre à la périphérie.» Mais la création artistique n'est pas, comme celle de la vie, un pur travail d'organisation, comportant un minimum de matière. Elle implique une exigence de matière. Elle est intermédiaire entre le travail d'organisation et le travail de fabri-cation. Elle peut être assez proche de la première, comme le *Satyre* de Victor Hugo, écrit tout entier en quatre ou cinq matinées d'inspiration, ou fort voisine de la dernière, comme une tragédie de Voltaire, faite de centons. Les rapports du génie et du métier ne peuvent se définir facilement et restent une des questions complexes de l'esthétique.

ALBERT THIBAUDET: *Le Bergsonisme* (1923)

75. LE LANGAGE SURRÉALISTE

Le langage a été donné à l'homme pour qu'il en fasse un usage surréaliste. Dans la mesure où il lui est indispensable de se faire comprendre, il arrive tant bien que mal à s'exprimer et à assurer par là l'accomplissement de quelques fonctions prises parmi les plus grossières. Parler, écrire une lettre n'offrent pour lui aucune difficulté réelle, pourvu que, ce faisant, il ne se propose pas un but au-dessus de la moyenne, c'est-à-dire pourvu qu'il se borne à s'entretenir (pour le plaisir de s'entretenir) avec quelqu'un. Il n'est pas anxieux des mots qui vont venir, ni de la phrase qui suivra celle qu'il achève. A une question très simple, il sera capable de répondre à brûle-pourpoint. En l'absence de *tics* contractés au commerce des autres, il peut spontanément se prononcer sur un petit nombre de sujets; il n'a pas besoin pour cela de «tourner sept fois sa langue» ni de se formuler à l'avance quoi que ce soit. Qui a pu lui faire croire que cette faculté de premier jet n'est bonne qu'à le desservir lorsqu'il se propose d'établir des rapports plus délicats? Il n'est rien sur quoi il devrait se refuser à parler, à écrire d'abondance. S'écouter, se lire, n'ont d'autre effet que de suspendre l'occulte, l'admirable secours. Je ne me hâte pas de me comprendre (bast, je me comprendrai toujours). Si telle ou telle phrase de moi me cause sur le moment une légère déception, je me fie à la phrase suivante pour racheter ses torts, je me garde de la recommencer ou de la parfaire. Seule la moindre perte d'élan pourrait m'être fatale. Les mots, les groupes de mots *qui se suivent* pratiquent entre eux la plus grande solidarité. Ce n'est pas à moi de favoriser ceux-ci aux dépens de ceux-là. C'est à une miraculeuse compensation d'intervenir, – et elle intervient.

Non seulement ce langage sans réserve que je cherche à rendre toujours valable, qui me paraît s'adapter à toutes les circonstances de la vie, non seulement ce langage ne me prive d'aucun de mes moyens, mais encore il me prête une extraordinaire lucidité et cela dans le domaine où de lui j'en attendais le moins. J'irai jusqu'à prétendre qu'il m'instruit, et, en effet, il m'est arrivé d'employer surréellement des mots dont j'avais oublié le sens. J'ai pu vérifier après coup que l'usage que j'en avais fait répondait exactement à leur définition. Cela donnerait à croire qu'on n'«apprend» pas, qu'on ne fait jamais que «réapprendre». Il est d'heureuses tournures qu'ainsi je me suis rendu familières. Et je ne parle pas de la *conscience poétique des objets*, que je n'ai pu acquérir qu'à leur contact spirituel mille fois répété.

C'est encore au dialogue que les formes du langage surréaliste s'adaptent le mieux. Là, deux pensées s'affrontent; pendant que l'une se livre l'autre s'occupe d'elle, mais comment s'en occupe-t-elle? Supposer qu'elle se l'incorpore serait admettre qu'un temps il lui est possible de vivre tout entière de cette autre pensée, ce qui est bien improbable. Et de fait l'attention qu'elle lui donne est tout extérieure; elle n'a que le loisir d'approuver ou de réprouver, généralement de réprouver, avec tous les égards dont l'homme est capable. Ce mode de langage ne permet d'ailleurs pas d'aborder le fond d'un sujet. Mon attention, en proie à une sollicitation qu'elle ne peut décemment repousser, traite la pensée adverse en ennemie; dans la conversation courante, elle la «reprend» presque toujours sur les mots, les figures dont elle se sert; elle me met en mesure d'en tirer parti dans la réplique en les dénaturant. Cela est si vrai que dans certains états mentaux pathologiques où les troubles sensoriels disposent de toute l'attention du malade, celui-ci, qui continue à répondre aux questions, se borne à s'emparer du dernier mot prononcé devant lui ou du dernier membre de phrase sur-réaliste dont il trouve trace dans son esprit.

ANDRÉ BRETON: *Manifeste du surréalisme* (1924)

76. L'INEXPLICABLE EXISTE

Il n'y a pas un mot péjoratif dans mon vocabulaire. Un mot ne constitue pas un jugement. C'est d'une voix renonçante, et flatteuse au fond, que je me suis généralement entendu dire *crapule.* Je pense qu'il en va de même dans la lexicologie idéale: *traître* suppose un trou de souffleur et des con-cierges dans l'ombre. Il faut comprendre qu'ainsi jamais un mot pour moi ne fait tableau à lui seul, mais lié à une multitude de pensées, de sons in-formes, de calembours, de cris, d'images, d'animaux, de caresses, de magasins, de journaux illustrés, tout un capharnaüm sensible, duquel je refuse de faire une seule fois abstraction. Ainsi les bords d'un mot s'estompent, et l'idée même de la *clarté* telle qu'on l'entend en France, avec un petit air de contentement national, devient pour qui en use, d'une obscur-ité sans pareille. Cette impuissance acquise d'*abstraire,* j'accepte qu'elle qualifie le romantisme; qu'elle explique à ceux que mes goûts inquiètent, que j'aime Victor Hugo, Emile Zola et Henri Bataille; elle marque un état qui n'est pas seulement le mien, mais celui d'une génération. Elle s'oppose vivement à tout ce qui fut la religion de mes aînés. En son nom je m'exalte pour tout ce que le bon goût d'aujourd'hui qui se croit très différent du bon goût d'hier méprise et ravale. L'inexplicable existe, encore que les snobs en aient dit. Je suis et je resterai contre les partisans de la sottise et ceux de l'intelligence, du parti du mystère et de l'injustifiable.

Voilà comment nous avions imaginé, un jour que nous étions quatre ou cinq chez André Breton, par écoeurement, peut-être, de tant de crétins qui croient bien *cette fois* tenir le bon bout, qu'au mouvement Dada (1918-1921) venait de succéder un état d'esprit absolument nouveau que nous nous plaisions à nommer le mouvement flou. Expression illusoire et pour moi merveilleuse. Elle rend compte d'un monde et ne sera jamais dans le domaine public. Ainsi dans les coulisses se couvent les étapes véritables d'une course intellectuelle: ce n'est pas à Austerlitz que Napoléon joue sa partie, mais dans un bourg anonyme pour l'histoire, un peu plus loin (on ne me fera pas rougir à avouer mes hyperboles, pensée, course, Napoléon, l'histoire, je).

L'occasion est trop belle, que quelqu'un ne s'en empare pour me
demander *alors* ce que signifie une préface pour cet amateur d'ombres que
je prétends être. Je fais ici l'apologie du flou, et non celle du compromis.
Il s'agit de rendre impraticables quelques portes de sortie. J'ai rencontré
trop souvent de ces esprits qui n'éprouvaient pour moi qu'un goût senti-
mental. L'aveu pur et simple de ce que je suis leur eût semblé impossible.
Il fallait me travestir à toute force pour excuser une passion honteuse. C'est
par ce détour, qui rappelle les mensonges *pieux,* que les timides acclimatent
dans leurs petits serres toutes les révoltes et tous les crimes du grand air.
On met une feuille de vigne à Ravachol: et tout de suite l'anarchiste le moins
réductible prend tournure de premier communiant. Ceci commente
suffisament mon aventure avec la *N.R.F.,* pauvre patronage de
banlieue, où l'on joue dans des maillots qui font des plis aux poignets et
aux chevilles une Passion sans couronne d'épines à l'usage des enfants de
Marie. Je connais ce tour, je vous dis: ne me l'a-t-on pas cent fois répété
qu'*il était dans la tradition d'être contre la tradition,* par exemple? Je
m'en moque. Je prends mes sûretés. Ce n'est pas d'aujourd'hui que je me
sais un tenant du désordre. Je veux bien encourir une aggravation de
peine par la récidive, et je recopie aujourd'hui, sain de corps et d'esprit,
ce petit placard qui parut dans *Littérature* au mois de Mars 1921.
LOUIS ARAGON: *Le Libertinage,* Préface (1924)

77. LA NOTION DE LA PHILOSOPHIE CHRÉTIENNE

Lorsqu'on reproche à ceux qui définissent la méthode de la philosophie
chrétienne par le *fides quaerens intellectum* de confondre théologie et
philosophie, on montre simplement que l'on n'entend aucunement leur
position, et l'on donne même a penser que l'on n'entend pas bien ce
qu'est la théologie. Car, bien que la théologie soit une science, elle ne se
donne aucunement pour fin de transformer en intelligence la croyance
par laquelle elle adhère à ses principes, ce qui reviendrait pour elle à
détruire son propre objet. D'autre part, pas plus que le théologien, le
philosophe chrétien ne tentera de transformer la foi en science par une
étrange chimie qui prétendrait combiner des essences contradictoires. Ce
que se demande simplement le philosophe chrétien, c'est si, parmi les
propositions qu'il croit vraies, il n'en est pas un certain nombre que sa
raison pourrait savoir vraies. Tant que le croyant fonde ses assertions sur la
conviction intime que sa foi lui confère, il reste un pur croyant et il n'est
pas encore entré dans le domaine de la philosophie, mais dès qu'il trouve
au nombre de ses croyances des vérités qui peuvent devenir objets de
science, il devient philosophe et si c'est à la foi chrétienne qu'il doit ces
lumières philosophiques nouvelles, il devient un philosophe chrétien.
Le désaccord présent qui divise les philosophes sur le sens de cette
notion devient par là même plus facile à expliquer. Certains considèrent la

philosophie en elle-même, dans son essence formelle et abstraction faite des conditions qui président à sa constitution comme à son intelligibilité. En ce sens, il est clair qu'une philosophie ne saurait être chrétienne, non plus que juive ou musulmane, et que la notion de philosophie chrétienne n'a pas plus de sens que celle de physique ou de mathématique chrétienne.

D'autres, tenant compte du fait évident que, pour un chrétien, la foi joue le rôle de principe régulateur intrinsèque, admettent la possibilité d'une philosophie chrétienne, mais, soucieux de conserver à la philosophie la pureté formelle de son essence, ils considèrent comme chrétienne toute philosophie vraie, qui présente «une conception de la nature et de la raison ouverte au surnaturel». Il n'est pas douteux que ce ne soit là l'un des caractères essentiels de la philosophie chrétienne, mais ce n'en est pas le seul, ni peut-être même le plus profond. Une philosophie ouverte au surnaturel serait assurément une philosophie compatible avec le Christianisme, ce ne serait pas nécessairement une philosophie chrétienne. Pour qu'une philosophie mérite vraiment ce titre, il faut que le surnaturel descende, à titre d'élément constitutif, non dans sa texture, ce qui serait contradictoire, mais dans l'oeuvre de sa constitution. J'appelle donc philosophie chrétienne *toute philosophie qui, bien que distinguant formellement les deux ordres, considère la révélation chrétienne comme un auxiliaire indispensable de la raison.*

ÉTIENNE GILSON: *L'Esprit de la philosophie médiévale* (1932)

78. LE RADICALISME DE BENTHAM

Bentham avait prévu qu'il était plus aisé de le refuter que de le comprendre. Les adversaires de ses projets réformateurs ont prouvé, une fois de plus, qu'il ne suffisait pas d'affecter le langage de la noblesse et de la générosité pour en éprouver les sentiments. Bentham a eu beau jeu à dénoncer les applications du principe d'utilité, anormales sans doute et mal faisantes, dans l'étalage de beaux sentiments, sous lequel on accablait la bassesse prétendue de sa doctrine. Il est vrai que les classes dirigeantes ne songent qu'à elles-mêmes quand elles invoquent une autorité mystérieuse, Dieu ou la nature, pour couvrir et pour consolider les privilèges où elles se sont férocement installées: «Le monarque doit poursuivre la déprédation et l'oppression de ses sujets, et employer, pour en arriver à ses fins, la corruption et l'imposture avec l'aide de ses soldats, de ses juristes et de ses prêtres; la seule communauté d'intérêts qui puisse subsister entre lui et ses sujets, c'est la communauté d'intérêts qui existe entre la bête de proie et les animaux dont elle fait sa proie: *il est de l'intérêt du loup que les moutons soient gras et nombreux.*»

Les difficultés du radicalisme philosophique ne sauraient donc venir de ce qu'il aurait été résigné à laisser triompher la loi naturelle de l'égoisme, de ce qu'il aurait éxagéré la défiance à l'égard des valeurs idéales, qui avaient jusque-là soutenu l'effort de la moralité. Nous dirions bien plutôt le contraire; s'il a un tort, c'est d'estimer trop haut la bonté native de l'homme: «Nous n'avons pas assez de force, écrit la Rochefoucauld, pour suivre toute notre raison.» Par contre, Bentham conçoit une humanité où, selon le voeu de Leibniz, la sensibilité se ramène à des éléments clairs et universels. Il suffira de calculer pour résoudre, par un simple procédé de *maximisation,* le problème du bonheur. Et, une fois établie la démonstration théorique, le résultat pratique est assuré, comme si les hommes une fois avertis du traitement qui les rendrait infailliblement heureux, ne pouvaient manquer de le suivre.

L'écueil auquel devait se heurter le radicalisme anglais, c'est celui où s'était brisé jadis le radicalisme platonicien, pour avoir escompté le succès d'une pédagogie à laquelle la réalité a été refractaire. Encore y a-t-il dans le platonisme un progrès dialectique, dont la valeur interne demeure, indépendamment des circonstances politiques ou historiques de son application, tandis que Bentham fait profession d'empirisme pur. L'homme est, à ses yeux, une nature simple qui se livre tout entière à l'observation immédiate, et qui devient le principe d'une déduction unilinéaire. Dans une telle méthode, les conséquences de la déduction sont seules appelées à juger la vérité du principe: et c'est pourquoi l'expérience tentée par James Mill sur son fils, John Stuart, a une portée, sinon décisive, du moins exceptionnelle. On imaginerait difficilement une rencontre de circonstances aussi favorables à la claire manifestation de la réalité.

LÉON BRUNSCHVICG: *Le Progrès de la conscience dans la philosophie occidentale:* (1927)

79. LA QUESTION DU RÉGIME LE MEILLEUR

Montesquieu ne se demande pas, au moins explicitement, quel est le régime le meilleur, à la manière d'Aristote. Montesquieu a observé deux sortes de régimes modérés, la république et la monarchie, il a établi que le principe, c'est-à-dire le sentiment qui maintient et fait vivre chaque régime, est dans un cas la vertu, le sens de l'égalité et de l'obéissance aux lois, et dans l'autre l'honneur, c'est-à-dire le respect, par chacun, de ce qu'exige de lui la place qu'il occupe dans la société. De ces deux principes de fonctionnement, nous ne pouvons, au premier abord, affirmer que l'un vaut mieux que l'autre, car il y a des mérites propres à l'honneur aristocratique.

En termes plus généraux, à partir du moment où le régime politique est lié à l'organisation sociale, la diversité d'organisations sociales, possibles et réelles, semble décourager à l'avance la recherche du meilleur régime dans l'abstrait. La reconnaissance de la multiplicité des régimes sociaux et des principes semble écarter la recherche du régime le meilleur, du simple fait qu'elle rejette la conception finaliste de la nature humaine, indispensable dans le passé pour que la question du régime le meilleur ait une signification.

Pourquoi la question du régime le meilleur disparaît-elle en même temps que l'interprétation finaliste de la nature humaine? Nous allons le voir, en nous reportant à l'un des autres grands auteurs de la tradition politique. Hobbes, lui, adhère à une conception rigoureusement mécanique de l'univers: l'homme est défini par le désir, la volonté de sauver sa vie et de jouir des plaisirs; sa conduite est commandée par l'intérêt.

Une telle conception exclut la question du régime le meilleur, à moins que l'on ne commence par déterminer le but que vise, avant tout autre, l'homme soumis à un mécanisme strict. Selon Hobbes, un tel but existe, simple, prosaïque, qui est de survivre. Les hommes étant le jouet de leurs passions sont ennemis les uns des autres, quand ils n'obéissent pas à une loi commune. D'où le problème central de Hobbes: que doit être le régime politique pour assurer la paix entre les hommes? Au lieu de l'interrogation: quel est le régime le meilleur en fonction de la finalité de la nature humaine? la théorie pose la question: étant donné le mode de conduite de l'homme, que doit être l'Etat pour que la sécurité soit garantie et que les individus échappent au danger de mort violente?

A l'intérieur d'une telle philosophie, on s'interroge sur l'extension de la souveraineté: que faut-il accorder au Pouvoir pour empêcher la guerre civile? Dans la conception finaliste, on se demandait ce que doit être le souverain pour que les hommes puissent vivre vertueusement.

Une conception mécaniste de la nature humaine n'implique pas que l'on adopte une doctrine de la souveraineté absolue et illimitée. Un autre philosophe, d'une génération postérieure à Hobbes, a choisi le même point de départ mais est arrivé à une conclusion autre. Les hommes, selon Spinoza, sont entraînés par leurs passions; abandonnés à eux-mêmes, ils sont ennemis les uns des autres parce qu'ils ne sont pas raisonnables et que chacun veut l'emporter sur les autres. Donc il faut créer un pouvoir souverain qui imposera la paix entre les citoyens en édictant les lois. Mais alors que Hobbes a pour souci presque exclusif d'accorder au souverain une autorité suffisante pour que la paix règne en tout état de cause, obsédé par la crainte que, faute d'une autorité inconditionnelle, la guerre civile éclate, Spinoza veut aussi limiter le pouvoir du souverain pour que la paix soit celle des hommes libres et que les philosophes soient respectés.

RAYMOND ARON: *Démocratie et totalitarisme* (1965)

80. LES DIVERS ESPÈCES DE RATIONALISME

En fait de rationalistes incontestés, l'ère moderne en compte de trois espèces:

D'abord les rationalistes à la manière de Spinoza et de Leibniz. Pour

Spinoza la Substance unique qui est Dieu se définie comme *causa sive ratio:* ce qui signifie que toutes choses non seulement jaillissent de l'Être absolu, mais se déduisent de sa nature, avec la même nécessité que les propriétés du triangle suivent de sa définition. Or la nécessité mathématique est pour l'homme l'intelligibilité même. Il n'est donc rien, comme dit Lucas Meyer, au-dessus de l'humaine compréhension. La Révélation n'est qu'une expression symbolique à l'usage des simples, de la vérité rationnelle. — Pour Leibniz aussi, la substance, quoiqu'elle ne soit pas unique, est essentiellement principe de déduction: il faut que, dans la notion complète de chaque être, on puisse reconnaître *a priori* tous les prédicats qui sont ou seront à affirmer de cet être, donc tout ce qui lui arrivera, à lui et à l'univers. A la vérité, la connaissance *a priori* semble se fonder ici sur d'autres raisons que les raisons mathématiques, puis qu'elle fait appel à des motifs de «convenance». Encore ces motifs de convenance finissent-ils par se réduire à l'appréciation de la «quantité d'être». Ce qui est sûr, en tout cas, c'est que tout a sa «raison suffisante». Tout est donc intelligible, même les faits particuliers, même les dogmes religieux, puisque toute vérité est démontrable à l'aide d'une analyse soit finie soit infinie, et puisque l'infini n'est pas hétérogène au fini, les règles de l'un «réussissant» dans l'autre. — Voilà ce qu'on peut appeler le *rationalisme dogmatique.*

Kant représente un *rationalisme antidogmatique,* ou mieux relativiste. A ses yeux, la rationalité consiste principalement, non dans la possibilité d'une déduction analytique, mais dans la liaison synthétique, laquelle est le fait d'une *activité transcendentale* de notre esprit. Cette *activité spirituelle,* qui informe les données de la sensibilité pour façonner suivant ses lois propres le monde des phénomènes, n'aboutit qu'à une connaissance relative. Mais il n'en est point d'autre accessible à l'homme. La même activité spirituelle est par ailleurs, en tant que pratique, le principe du devoir et de la moralité. La raison kantienne a donc, suivant le mot de Delbos, une «juridiction souveraine sur le savoir et sur la vie». La foi même, dans la mesure où elle est légitime, est une *Vernunftglaube.* La religion doit se confiner «dans les limites de la simple raison», elle n'en est «qu'un prolongement et une dépendance».

Enfin, après Kant, le rationalisme s'épanouit dans les diverses formes de l'*idéalisme* absolu: celui de Fichte (première manière) et de ses disciples contemporains, pour qui l'intelligence humaine «constitue» par ses déterminations progressives, non seulement la forme mais, d'une certaine manière, le contenu de l'expérience; celui de Hégel et des néo-hégéliens, pour qui le monde se reconstruit intégralement par une série de synthèses conceptuelles, suivant le Dialectique de la Raison.

JEAN LAPORTE: *Le Rationalisme de Descartes* (1945)

81. IL FAUT JURER D'ÊTRE HEUREUX

Le pessimisme est d'humeur; l'optimisme est de volonté. Tout homme qui se laisse aller est triste, mais c'est trop peu dire, bientôt irrité et furieux. Comme on voit que les jeux des enfants, s'ils sont sans règle, tournent à la bataille; et sans autre cause ici que cette force désordonnée qui se mord elle-même. Dans le fond, il n'y a point de bonne humeur; mais l'humeur, à parler exactement, est toujours mauvaise, et tout bonheur est de volonté et de gouvernement. Dans tous les cas, le raisonnement est serf. L'humeur compose des systèmes étonnants que l'on voit grossis chez les fous; il y a toujours de la vraisemblance et de l'éloquence dans les discours d'un malheureux qui se croit persécuté. L'éloquence optimiste est du genre clamant; elle s'oppose seulement à la fureur bavarde; elle modère; c'est le ton qui fait preuve, et les paroles importent moins que la chanson. Ce grondement de chien, que l'on entend toujours dans l'humeur, est ce qu'il faut changer premièrement; car c'est un mal certain en nous, et qui produit toutes sortes de maux hors de nous. C'est pourquoi la politesse est une bonne règle de politique; ces deux mots sont parents; qui est poli est politique.

L'insomnie là-dessus nous enseigne, et chacun connaît cet état singulier, qui ferait croire que l'existence est par elle-même insupportable. Ici il faut regarder de près. Le gouvernement de soi fait partie de l'existence; mieux, il la compose et l'assure. D'abord par l'action. La rêverie d'un homme qui scie du bois tourne aisément à bien. Quand la meute est en quête, ce n'est pas alors que les chiens se battent. Le premier remède aux maux de pensée est donc de scier du bois. Mais la pensée bien éveillée est déjà plaisante par elle-même; en choisissant elle écarte. Or, voici le mal de l'insomnie; c'est que l'on veut dormir et que l'on se commande à soi-même de ne point remuer et de ne point choisir. En cette absence du gouvernement, aussitôt les mouvements et les idées ensemble suivent un cours mécanique; les chiens se battent. Tout mouvement est convulsif et toute idée est piquante. On doute alors du meilleur des amis; tous les signes sont mal pris; on se voit soi-même ridicule et sot. Ces apparences sont bien fortes, et ce n'est point l'heure de scier du bois.

On voit très bien par là que l'optimisme veut un serment. Quelque étrange que cela paraisse d'abord, il faut jurer d'être heureux. Il faut que le fouet du maître arrête tous ces hurlements de chiens. Enfin, par précaution, toute pensée triste doit être réputée trompeuse. Il le faut, parce que nous faisons du malheur naturellement dès que nous ne faisons rien. L'ennui le prouve. Mais ce qui fait voir le mieux que nos idées ne sont pas en elles-mêmes piquantes, et que c'est notre propre agitation qui nous irrite, c'est l'état heureux de somnolence où tout est relâché dans le corps; cela ne dure pas; quand le sommeil s'annonce ainsi, il n'est pas loin. L'art de dormir, qui peut ici aider la nature, consiste principalement à ne vouloir point penser à demi. Ou bien s'y mettre tout, ou bien pas du tout s'y mettre, par l'expérience que les pensées non gouvernées sont toutes fausses. Cet énergique jugement les rabaisse toutes au rang des songes, et prépare ces heureux songes qui n'ont point d'épines. Au rebours la clef des songes donne importance à tout. C'est la clef du malheur.

ALAIN: *Propos sur le bonheur* (1928)

82. LA SOIF DE VOYAGER

Mais, depuis la guerre, l'homme n'a plus demandé sa joie qu'en divertissement. Il était naturel qu'au sortir de l'épouvante, il eût un frénétique besoin de gaieté. Après n'avoir vécu que de la menace et de l'attente de la mort, il devait appeler tous les plaisirs que peut offrir la vie et qui, soi-disant, en donnent et surtout en «multiplient» la puissante sensation. Or il était aussi naturel que son âme eût sa part de pareilles fêtes et qu'elle tînt, ayant échappé aux catastrophes, à affirmer son existence, à produire son rayonnement.

Les générations d'après-guerre n'ont pas été si ambitieuses dans leurs désirs. Elles les ont limités à leurs corps, c'est-à-dire à bien peu de chose dans l'espace et dans la durée; elles n'ont demandé qu'à satisfaire leurs sens qui ne peuvent plus, au delà d'un degré si vite atteint, éprouver aucune sensation. Elles n'ont pas pu détruire leurs âmes; mais elles en ont étouffé les voix. Elles ont refusé de se créer la moindre vie spirituelle, de peur de retrancher à la diversité et d'affaiblir l'intensité de leur existence corporelle. Le terre allait leur suffire, maintenant qu'elles l'avaient toute conquise. Son mystère allait céder devant leurs explorations. Depuis qu'il était traversé d'avions, le ciel n'avait plus d'anges qui «y volaient sans doute obscurément»: et plus ils montaient haut dans l'espace, moins les aviateurs y distinguaient ce «quelque chose de bleu qui paraissait une aile».

Parce que le voyage est l'occupation qui nous tire le plus sûrement hors de nos habitudes et qui, par l'imprévu, ou la surprise, augmente et varie le plus nos sensations, on n'a jamais autant voyagé que depuis dix ans. Sans autre motif que de se distraire, on a sillonné les mers et parcouru les continents. Ce qu'on a retenu de leurs spectacles, c'est la forme et la couleur des choses, le pittoresque apparent des costumes et des moeurs. Une course de taureaux dans le bariolage des jupes et des mantilles, et sous le ruissellement du soleil d'Espagne; de trop blancs joueurs de tennis au milieu de la verdure acide d'un parc anglais; une lente caravane découpée comme une frise sur l'horizon du désert; une danse nègre autour d'un grand feu sous la forêt tropicale; un firmament de métal menacé de gratte-ciel et de cheminées d'usines, un paysage de fer et de ciment armé aux Etats-Unis; une mousmé assise sur le seuil de sa minuscule maison de bois verni qu'entoure un jardin de chrysanthèmes; voilà ce que rapporte le voyageur contemporain dans ses souvenirs. Ce sont ses sens auxquels il les doit. Un pays se caractérise pour lui par une couleur dominante, par

102

certains reflets, parfois même par une simple nuance. Un autre tient tout entier dans une musique évocatrice, entendue un soir, retrouvée ensuite dans d'autres lieux et à d'autres heures du jour. Cette troisième contrée n'est qu'un parfum, un parfum obsédant qui vous suit, quand on la parcourt, et dont on a peine à se défaire, même après qu'on l'a quittée.

ANDRÉ DELACOUR: *Pascal et notre temps* (1933)

83. QU'EST-CE QUE L'HOMME?

Tout le monde, aujourd'hui, plus ou moins instruit des travaux critiques qui ont renouvelé les fondements des sciences, élucidé les propriétés du langage, les origines de l'institution et des formes de la vie sociale, consent qu'il n'y ait pas de notions, de principes, pas de *vérité* comme on disait jadis, qui ne soient sujets à revision, à retouche, à refonte; pas d'action qui ne soit conventionnelle, pas de loi, écrite ou non, qui ne soit qu'approchée.

Tout le monde consent tacitement que *l'homme* dont il est question dans les lois constitutionnelles ou civiles, celui qui est le suppôt des spéculations et des manoeuvres de la politique, le *citoyen*, l'*électeur*, l'*éligible*, le *contribuable*, le *justiciable*, – n'est peut-être pas tout à fait le même homme que les idées actuelles en matière de biologie ou de psychologie, voire de psychiatrie, permettraient de définir. Il en résulte un étrange contraste, un curieux dédoublement de nos jugements. Nous regardons les mêmes individus comme responsables et irresponsables, nous les tenons parfois pour irresponsables et nous les traitons en responsables, selon la fiction même que nous adoptons dans l'instant, selon que nous nous trouvons à l'état juridique ou à l'état objectif de notre faculté de penser. De même, voit-on dans quantité d'esprits coexister la foi et l'athéisme, l'anarchie dans les sentiments et quelque doctrine d'ordre dans les opinions. La plupart d'entre nous auront sur le même sujet plusieurs thèses qui se substituent dans leurs jugements sans difficulté, dans une même heure de temps, selon l'excitation du moment.

Ce sont là des signes certains d'une *phase critique,* c'est-à-dire d'une manière de désordre intime que définissent la coexistence de contradictions dans nos idées et les inconséquences de nos actes. Nos esprits sont donc pleins de tendances et de pensées qui s'ignorent entre elles; et, si l'*âge* des civilisations se doit mesurer par le nombre des contradictions qu'elles accumulent, par le nombre des coutumes et des croyances incompatibles qui s'y rencontrent et s'y tempèrent l'une l'autre, par la pluralité des philosophies et des esthétiques qui coexistent et cohabitent les mêmes têtes, il faut consentir que notre civilisation est des plus âgées. Ne trouve-t-on pas à chaque instant, dans une même famille, plusieurs religions pratiquées, plusieurs races conjointes, plusieurs opinions politiques, et, dans le même individu, tout un trésor de discordes latentes?

Un *homme moderne,* et c'est en quoi il est moderne, vit familièrement avec une quantité de contraires établis dans la pénombre de sa pensée et qui viennent tour à tour sur la scène. Ce n'est pas tout: ces contradictions internes ou ces coexistences antagonistes dans notre milieu nous sont généralement insensibles, et nous ne pensons que rarement qu'elles n'ont pas toujours existé. Il nous suffirait cependant de nous souvenir que la tolérance, la liberté des confessions et des opinions est toujours chose fort tardive, elle ne peut se concevoir et pénétrer les lois et les moeurs que dans une époque avancée, quand les esprits se sont progressivement enrichis et affaiblis de leurs différences échangées. L'intolérance, au contraire, serait une vertu terrible des temps *purs*.

PAUL VALÉRY: *La Politique de l'Esprit* (1941)

84. L'ABSURDE

Le sentiment de l'absurde n'est pas pour autant la notion de l'absurde. Il la fonde, un point c'est tout. Il ne s'y résume pas, sinon le court instant où il porte son jugement sur l'univers. Il lui reste ensuite à aller plus loin. Il est vivant, c'est-à-dire qu'il doit mourir ou retentir plus avant. Ainsi des thèmes que nous avons réunis. Mais là encore, ce qui m'intéresse, ce ne sont point des oeuvres ou des esprits dont la critique demanderait une autre forme et une autre place, mais la découverte de ce qu'il y a de commun dans leurs conclusions. Jamais esprits n'ont été si différents peut-être. Mais pourtant les paysages spirituels où ils s'ébranlent, nous les reconnaissons pour identiques. De même à travers des sciences si dissemblables, le cri qui détermine leur itinéraire retentit de même façon. On sent bien qu'il y a un climat commun aux esprits que l'on vient de rappeler. Dire que ce climat est meurtrier, c'est à peine jouer sur les mots. Vivre sous ce ciel étouffant commande qu'on en sorte ou qu'on y reste. Il s'agit de savoir comment on en sort dans le premier cas et pourquoi on y reste dans le second. Je définis ainsi le problème du suicide et l'intérêt qu'on peut porter aux conclusions de la philosophie existentielle.

Je veux auparavant me détourner un instant du droit chemin. Jusqu'ici, c'est par l'extérieur que nous avons pu circonscrire l'absurde. On peut se demander cependant ce que cette notion contient de clair et tenter de retrouver par l'analyse directe sa signification d'une part et, de l'autre, les conséquences qu'elle entraîne.

Si j'accuse un innocent d'un crime monstrueux, si j'affirme à un homme vertueux qu'il a convoité sa propre soeur, il me répondra que c'est absurde. Cette indignation a son côté comique. Mais elle a aussi sa raison profonde. L'homme vertueux illustre par cette réplique l'antinomie définitive qui existe entre l'acte que je lui prête et les principes de toute sa vie. «C'est absurde» veut dire: «c'est impossible», mais aussi: «c'est contradictoire». Si je vois un homme attaquer à l'arme blanche un groupe de mitrailleuses, je jugerai que son acte est absurde. Mais il n'est tel qu'en vertu de la disproportion qui existe entre son intention et la réalité qui l'attend, de la contradiction que je puis saisir entre ses forces réelles et le but qu'il se propose. De même nous estimerons qu'un verdict est absurde en l'opposant au verdict qu'en apparence les faits commandaient. De même encore une démonstration par l'absurde s'effectue en comparant les conséquences de ce raisonnement avec la réalité logique que l'on veut instaurer. Dans tous ces cas, du plus simple au plus complexe, l'absurdité sera d'autant plus grande que l'écart croîtra entre les termes de ma comparaison. Il y a des mariages absurdes, des défis, des rancoeurs, des silences, des guerres et aussi des paix. Pour chacun d'entre eux, l'absurdité naît d'une comparaison. Je suis donc fondé à dire que le sentiment de l'absurdité ne naît pas du simple examen d'un fait ou d'une impression mais qu'il jaillit de la comparaison entre un état de fait et une certaine réalité, entre une action et le monde qui la dépasse. L'absurde est essentiellement un divorce. Il n'est ni dans l'un ni dans l'autre des éléments comparés. Il naît de leur confrontation.

ALBERT CAMUS: *Le Mythe de Sisyphe* (1942)

85. L'HUMANISATION DE L'EFFORT CHRÉTIEN

La grande objection de notre temps contre le Christianisme, la vraie source des défiances qui rendent étanches à l'influence de l'Eglise des blocs entiers de l'Humanité, ce ne sont pas précisément des difficultés historiques ou théologiques. C'est le soupçon que notre religion rend ses fidèles *inhumains.*

«Le Christianisme, pensent les meilleurs parfois d'entre les Gentils, est mauvais ou inférieur, parce qu'il ne conduit pas ses adeptes au-delà, mais au dehors et à côté, de l'Humanité. Il les isole, au lieu de les fondre à la masse. Il les désintéresse, au lieu de les appliquer à la tâche commune. Il ne les exalte donc pas: mais il les amoindrit et les fausse. Ne l'avouent-ils pas du reste eux-mêmes? Quand, par chance, un de leurs religieux, un de leurs prêtres, se consacre aux recherches dites profanes, il a bien soin de rappeler, le plus souvent, qu'il ne se prête à ces occupations secondaires que pour s'accommoder à une mode ou à une illusion, pour montrer que les chrétiens ne sont pas les plus sots des humains. En somme, quand un catholique travaille avec nous, nous avons toujours l'impression qu'il le fait sans sincérité, par condescendance. Il paraît s'intéresser. Mais au fond, de par sa religion, il ne croit pas à l'effort humain. Son coeur n'est plus avec nous. Le Christianisme fait des déserteurs et des faux frères: voilà ce que nous ne pouvons pas lui pardonner.»

Cette objection, mortelle si elle était vraie, nous l'avons placée dans la bouche d'un incrédule. Mais ne retentit-elle pas ici ou là, dans les âmes les plus fidèles? A quel chrétien n'est-il pas arrivé, en sentant l'espèce d'isolant ou de glace qui le séparait de ses compagnons incroyants, de se demander avec inquiétude s'il ne faisait pas fausse route, et s'il n'avait pas effectivement perdu le fil du grand courant humain?

Eh bien, sans nier que (par leurs paroles bien plus que par leurs actes) tels ou tels chrétiens donnent prise au reproche d'être, sinon des «ennemis», du moins des «fatigués» du genre humain, nous pouvons affirmer, après ce qui a été dit plus haut sur la valeur surnaturelle de l'effort terrestre, que cette attitude tient, chez eux, à une compréhension incomplète, pas du tout à une certaine perfection de la religion.

Nous des déserteurs? Nous des sceptiques sur l'avenir du Mode tangible? Nous des dégoûtés du travail humain? Ah! comme vous nous connaissez peu... Vous nous soupçonnez de ne pas participer à vos anxiétés, à vos espérances, à vos exaltations dans la pénétration des mystères et la conquête des énergies terrestres. De telles émotions, dites-vous, ne sauraient être partagées que par ceux qui luttent ensemble pour l'existence: or, vous autres, chrétiens, vous faites profession d'être déjà sauvés. Comme si, pour nous, autant et bien plus que pour vous, ce n'était pas une question de vie et de mort que la Terre, jusque dans ses puissances les plus naturelles, réussisse! Pour vous (et en ceci, justement, vous n'êtes pas encore assez humain, vous n'allez pas *jusqu'au bout* de votre humanité) il n'y va que du succès ou de l'échec d'une réalité qui, même conçue sous les traits de quelque sur-humanité, reste vague et précaire. Pour nous, il y va, en un sens vrai, de l'achèvement du triomphe d'un Dieu même. Une chose est infiniment décevante, je vous l'accorde: c'est que, trop peu conscients des responsabilités «divines» de leur vie, bien des chrétiens vivent comme les autres hommes dans un demi-effort, sans connaître l'aiguillon et l'ivresse du Règne de Dieu à promouvoir à partir de tous les domaines humains. Mais ne critiquez là que notre faiblesse. Au nom de notre foi, nous avons le droit et le devoir de nous passionner pour les choses de la Terre. Comme vous, et même mieux que vous, (parce que, seul de nous deux, je puis prolonger à l'infini, conformément aux requêtes de mon vouloir présent, les perspectives de mon effort), je veux me vouer, corps et âme, au devoir sacré de la Recherche. Sondons toutes les murailles. Essayons tous les chemins. Scrutons tous les abîmes. *Nihil intentatum...* Dieu le veut, qui a voulu en avoir besoin. – Vous êtes homme? «*Plus et ego*».

PIERRE TEILHARD DE CHARDIN: *Le Milieu divin* (1957)

86. LE PAPE JEAN XXII

Jean XXII a été tellement dénigré par les contemporains, sa mémoire a été poursuivie avec tant d'acharnement par ses adversaires, qu'il est peut-être téméraire d'esquisser son portrait. Pourtant, même en s'aidant un peu des écrits de ses détracteurs, il est possible de retenir comme véridique les traits suivants. Petit de stature, fluet, de teint pâle, prompt à la riposte, tranchant de ton, impétueux, Jean XXII possédait une extraordinaire vivacité d'esprit. Astucieux, comme un vrai Cahorsin, il perce vite les secrets desseins des politiciens et des solliciteurs qui essayent de le circonvenir. Rien n'est instructif comme le récit des audiences qu'obtiennent les ambassadeurs du roi Jayme II d'Aragon. Bien que sur leurs gardes, ces diplomates se coupent à la grande joie du pape qui ne retient pas son rire malicieux.

Doué d'une volonté énergique, Jean ne possède pas une moindre souplesse, très surprenante chez un vieillard de son âge. Sa facilité de travail est incroyable. Il mène de front les affaires les plus diverses: il travaille presque en même temps à éteindre la longue inimitié qui sépare et risque à chaque instant de mettre aux prises les rois de France et d'Angleterre et à calmer les dissensions qui divisent de tout petits hobereaux de village comme les seigneurs quercynois de Castelnau, de Thémines, de Peyrilles ou de Gourdon; il tient tête aux difficultés sans nombre et d'exceptionnelle gravité que lui suscitent les Visconti de Milan, Louis de Bavière, les franciscains révoltés à la suite de Michel de Césène, le schisme de Pierre de Corbara, la rébellion des villes des Etats pontificaux, et il se préoccupe de lancer l'Occident à la conquête des Lieux saints et d'étendre jusques aux confins de la Tartarie la connaissance de l'Évangile; tout en réorganisant l'Église, il donne son attention aux péripéties des négociations des nonces ou légats qu'il envoie sur tous les points de la chrétienté, du Portugal jusqu'au fond de la Pologne, et de la Sicile jusqu'en Écosse ou en Norvège.

Si l'énergie caractéristique de Jean XXII se traduit dans le gouvernement de l'Église par la vigueur de main et quelquefois la rigueur des mesures, elle ne dégénère pas en dureté, ni en cruauté. Certes, le pape eût été en droit de châtier sévèrement les cardinaux et les prélats les plus compromis dans le procès de Hugues Géraud. Sa prétendue dureté se réduit, en fait, à exiger la stricte obéissance aux ordres du S.-Siège. Elle ne s'accorde point avec le ton affable que révèle la correspondance de Jean XXII. Avec quelle délicatesse il console la malheureuse reine Clémence de la perte prématurée de son fils. Il pleure avec une émotion sincère la mort de Philippe V le Long et invite sa veuve à placer en lui sa confiance entière, telle une fille chérie à l'égard de son père...

Jean XXII porta à l'extrême l'affection familiale et l'estime de ses compatriotes. Il prodigue les biens temporels à ses frères et à ses soeurs, à ses neveux et à ses nièces, à ses proches, à tous ceux qui, de près ou de loin, se rattachent aux Duèse. Les Quercynois remplissent tous les emplois et les dignités de l'Église. Ceux-ci sont revêtus de la pourpre cardinalice, ceux-là chargés de l'administration matérielle de la Cour ou de la maison pontificale; les uns sont légats ou nonces, les autres panetiers, échansons, scribes ou chambriers. Pierre Duèse, le propre frère du pape, reçoit jusqu'à 60.000 florins d'or pour l'achat de terres dont l'une l'institue vicomte de Caraman.

G. MOLLAT: *Les Papes d'Avignon,* 9e édition (1949)

87. LA FRANCE APRÈS LA GUERRE DE CENT ANS

Comme à la veille de la guerre mondiale qui a ensanglanté le premier quart du XXe siècle, l'univers civilisé, à la veille de la guerre de Cent Ans, avait joui d'une ère de brillante prospérité. La France passait couramment, sous les derniers Capétiens, pour un pays plantureux, de vie facile, en constant progrès social. L'agriculture était en plein rendement, la population s'accroissait à chaque génération, l'industrie était active, le luxe généralisé; c'était une douceur de vivre. La guerre fit succéder à cette euphorie la misère et la désolation. C'est ce que les contemporains appellent «la grande pitié du royaume». L'insistance de ce terme chez nos chroniqueurs n'est que l'écho trop fidèle d'une lamentable réalité. Certes, les méthodes militaires d'alors ne comportent ni mobilisation générale, ni grandes hécatombes sur les champs de bataille; mais la durée de cette interminable lutte qui semble ne devoir jamais finir compense l'intensité de la courte guerre générale de 1914 à 1918, et, s'il fallait comparer entre elles les conséquences de ces deux cataclysmes, celui du moyen âge et celui de notre temps, sans doute faudrait-il dire que les épreuves infligées à génération présente ont été relativement légères par rapport à celles dont les populations du XVe siècle ont supporté le poids. Les règnes de Charles VI et de Charles VII ont été probablement les plus ingrats de l'histoire nationale. Partout des troupes d'hommes d'armes, des «brigands», courent les champs, suspendent toute vie économique, brûlent les cabanes des paysans, détruisent les récoltes sur pied, affament villes et villages, dévastent, massacrent, rançonnent; ils sont aussi redoutables en temps de trêves qu'en temps d'hostilités, car ces mercenaires, quand on cesse de se battre, deviennent des sans-travail: chômage tragique. Le soldat est le «routier», ou encore, comme on dit, «l'écorcheur», ainsi nommé, dit Monstrelet, parce qu'il dépouille ceux qu'il rencontre de leurs vêtements, et leur enlève même parfois jusqu'à la chemise. En définitive, le travail agricole entravé, l'industrie désorganisée, les paysans encombrant et troublant les villes, les échanges supprimés ou ralentis, les sources de revenue taries: c'est une crise généralisée. Tous les signes du déséquilibre se trahissent: avilissement et chute verticale des monnaies, dévaluations et inflations, krach des banquiers, hausse vertigineuse des prix, perturbation des classes sociales, faillite des communes, effondrement des rentiers à revenu fixe, cupidité des marchands, exaltation des spéculateurs, règne de l'argent et déchaînement de la corruption, sautes désordonnées des changes et bouleversement profond des valeurs. Bref, démoralisation universelle.

Assurément, les dernières années de Charles VII ont commencé le relèvement. Mais ce redressement est singulièrement lent, car il est livré au pur empirisme. Aucune doctrine, aucune notion consciente n'entre en jeu, aucune mesure gouvernementale de quelque cohérence ne combat les méfaits de la paralysie qui s'est emparée du corps social. L'initiative individuelle est à peu près seule à agir. Autrement dit, il faut que l'organisme ébranlé se refasse tout seul, tel un malade privé de médecin, qui se confie à la nature. Peu à peu, le paysan revient à son sillon, les habitations incendiées se reconstruisent, le trafic reprend. Un grand brasseur d'affaires sous Charles VII, Jacques Coeur, a donné au grand commerce extérieur une impulsion qui survit à sa condamnation et à sa disgrâce. Louis XI reçoit de son père un royaume en convalescence, mais qui ressent d'autant plus vivement peut-être ce qui lui manque encore pour retrouver la pleine santé.

JOSEPH CALMETTE: *Le Grand Règne de Louis XI* (1938)

88. LA SOCIÉTÉ FRANÇAISE SOUS L'ANCIEN RÉGIME

De nos jours, où nous sommes la proie d'une bougeote effrénée, nous avons peine à comprendre la sereine immobilité des gens d'autrefois. Tout se tient dans l'ancienne France: c'est la paisible stabilité familiale traditionnelle: on change difficilement de costume, d'usages, de croyances, d'outils, d'idées et de place. Jusqu'au milieu du XVIIe siècle, le pays lui-même a conservé l'aspect du vieux temps: partout des forteresses de pierre. Il n'est hauteur accessible où ne se dressent des tours à corbeaux et à mâchicoulis. Un voyageur fait observer que presque toutes les villes se sont perchées sur des hauteurs d'où leurs remparts dominent la plaine: exigences de la défense dans les temps si rudes que l'on venait de traverser. Arthur Young remarque de son côté qu'il n'est ville en France qui ne soit construite autour d'un château. C'est à ce château qu'elle avait dû sa naissance et son premier développement, jusqu'au jour où elle avait mérité d'être traitée de château elle-même. Aux XIIe et XIIIe siècles, les mots «ville» et «château» sont synonymes. Et les villes font office de châteaux. Comme à l'ombre des donjons redoutés, la population des campagnes se réfugie entre leurs murailles en cas d'alerte.

La même transformation qui s'était faite dans les campagnes s'était accomplie dans les villes et beaucoup plus rapidement encore. Le seigneur, protecteur de ses bourgeois et de ses artisans qui, sans lui, n'auraient pu commercer ni travailler, était devenu inutile. Les bourgeois voulurent s'en affranchir. Ce fut la révolution communale, et, quand ils eurent triomphé, ils dressèrent leur beffroi en face du logis crénelé du seigneur. Une ordonnance de 1626 prescrivit la destruction des châteaux et forteresses de l'intérieur du royaume. Elle fut accueillie avec joie par les bourgeois qui trouvèrent dans ces formidables constructions du vieil âge des carrières de pierres pour leurs ponts, leurs églises, leurs hôpitaux, leurs remparts.

Le beffroi, l'hôtel de ville à tourelles, est la gloire et l'orgueil du bourgeois. L'horloge communale y sonne et, souvent, y chantent les heures: aussi le concierge du beffroi, ou gouverneur — ces deux mots également étaient jadis synonymes — était-il souvent un horloger ou un serrurier. Sous l'horloge sont peints les armoiries et "le cri" de la ville. On en avait fait un motif de décoration et parfois de divertissement: à Beaune, l'horloge communale, avec le mouvement des heures, fait tourner un globe qui présente les phases de la lune; à Aix, sept statues, les sept jours de la semaine, apparaissent tour à tour; les jaquemarts, frappant les heures sur un timbre sonore, sont aussi nombreux que variés; enfin, au haut du beffroi, particulièrement dans les villes du Nord, le carillonneur, en martelant la multitude des cloches cristallines, fait voler pardessus les toits les vieux airs si chers à la mémoire des bons gens.

F. FUNCK-BRENTANO: *L'Ancien Régime* (1926)

89. LA MODE AU DIX-SEPTIÈME SIÈCLE

Le souci de la mode, qui s'étend aux moindres affiquets de la parure, n'est pas l'apanage des dames; les hommes rivalisent avec elles dans ce domaine. A feuilleter les histoires du costume et les chroniques de mode du *Mercure galant,* on a même l'impression que seigneurs et grands bourgeois, qui meublent leur oisiveté par les soins apportés à leur toilette, sont, plus encore que les dames, esclaves d'une mode toujours changeante. Il est certain que, du début à la fin du règne, le costume masculin a plus évolué que la toilette féminine. Il s'est à peu près totalement transformé.

Sous la régence d'Anne d'Autriche, les hommes portent encore le pourpoint, le haut-de-chausses noué avec des aiguillettes et les bottes en faveur sous Louis XIII. Mais bientôt les bottes, avec leurs ronds de bottes en dentelle, cèdent la place aux souliers bas à boucles, ornés de talons rouges dans le costume de cérémonie. Le long pourpoint, dont les basques tombaient jusqu'au haut des cuisses, se raccourcit brusquement et s'orne d'un rabat de lingerie à glands. Il se réduit progressivement aux dimensions d'une brassière à manches fendues en s'arrêtant aux coudes, l'avant-bras étant couvert de la chemise et de la manchette de dentelle. La chemise bouffante, ornée de rubans surabondants, apparaît entre le pourpoint et le haut-de-chausses d'une manière assez disgracieuse; dans *L'Avare,* Frosine se moque de l'«estomac débraillé des jeunes blondins».

Ainsi réduit, le pourpoint ne suffit plus à habiller; il se trouve transformé en une courte veste de velours ou de satin brodée et chamarrée, garnie de poches basses, et qu'on recouvre, aux environs de 1660, du justaucorps, vêtement long et cintré, dont les basques descendent à mi-cuisse. Il est fait de drap, de ratine, de serge ou de droguet. Pendant l'hiver, le costume masculin se complète d'un manteau ou d'un brandebourg d'allure militaire.

Depuis les épaules jusqu'aux souliers, le costume est orné de canons de dentelle et de «galands», noeuds de rubans multicolores qui s'attachent à l'épaule, à la manchette, à la jarretière, et qui donnent à nos muguets une allure ébouriffée assez ridicule. Avec les aiguillettes et les cordons, ces canons et ces galands font un ensemble de fanfreluches qu'on appelle «la petite oie» et dont le faux marquis de Mascarille était si fier. Ces «affutiaux» se trouvent chez les merciers, dont le centre est rue Saint-Denis et rue des Lombards, et dont le plus fameux est Perdrigeon, qui tient boutique rue de la Lanterne, à l'enseigne des *Quatre-Vents.* La galerie marchande ou mercière du Palais de Justice en offre aussi un choix varié dans ses magasins de nouveautés.

GEORGES MONGRÉDIEN: *La Vie quotidienne sous Louis XIV* (1948)

90. L'ÉTAT APRÈS LA RÉVOLUTION

A la fin de l'Ancien Régime, l'Etat, incarné par le roi absolu de par le droit divin, gardait encore un caractère personnel. Néanmoins, depuis le XVIIe siècle, une administration centralisée tendait à faire prévaloir ses règlements bureaucratiques et embourgeoisait l'Etat en le rationalisant. Cette évolution se heurtait à la part d'autonomie que provinces et villes conservaient, ainsi qu'à la diversité chaotique d'un royaume agrandi et gouverné empiriquement, au gré des circonstances historiques, mais beaucoup plus encore, aux privilèges de la hiérarchie corporative. La classe qui domine la société regarde toujours l'Etat, constitué pour faire respecter la loi positive et pour maintenir l'ordre, comme le rempart de ses prérogatives. Entre la puissance royale et les intérêts de l'aristocratie, la rivalité engendra la Révolution, et la bourgeoisie mit fin à la contradiction en s'emparant elle-même de l'Etat.

Elle abolit les privilèges, ceux des provinces et des villes comme ceux de l'aristocratie, et proclama l'égalité de tous les Français devant la loi; les corps intermédiaires disparurent, que Montesquieu regardait comme seuls capables de refréner l'absolutisme de l'Etat; des institutions traditionnelles on fit table rase et on réalisa l'unité nationale dans l'uniformité administrative. Il parut, dès lors, que la volonté de l'Etat ne rencontrerait plus d'autre obstacle que la distance et les difficultés techniques des communications. En ce sens, Tocqueville a pu dire que les constituants couronnèrent l'oeuvre poursuivie durant des siècles par la dynastie capétienne.

Mais ce n'est là qu'une part de leur oeuvre, car, énonçant les droits de l'homme et, en premier lieu, la liberté, ils entendaient les protéger contre l'Etat et, en conséquence, métamorphosèrent ce dernier. Substituant la souveraineté du peuple à celle du prince, ils anéantirent le pouvoir personnel; d'attribut du monarque propriétaire, l'Etat se transforma en mandataire des gouvernés et son autorité se subordonna aux prescriptions d'une constitution. La royauté ne fut pas mise en question; mais Louis XVI devint le premier des fonctionnaires, c'est-à-dire des délégués de la nation. Jusqu'alors, ses commandements s'exerçaient par les soins de l'appareil administratif, en sorte que le voeu de ses sujets se prononçait, non seulement en faveur de la liberté, mais tout autant contre la centralisation: ils souhaitaient se rendre maîtres de l'administration locale plus encore que du pouvoir central. La révolution populaire chassa les agents royaux, dont les conseils électifs que la Constituante institua prirent la place. Cette autonomie répondait à un penchant naturel de l'homme que contrarie la centralisation, même quand elle tourne au profit des représentants du peuple, sans doute parce que la bureaucratie, à l'occasion, en abuse ou la déconsidère par une pesanteur inintelligente et routinière, voire par la négligence, mais aussi parce que l'uniformité irrite l'indépendance individuelle et se heurte à l'infinie variété des petites communautés qui composent la nation.

GEORGES LEFEBVRE: *La Révolution française* (1963)

91. OÙ NAPOLÉON PRENAIT L'ARGENT

Que d'articles sur Napoléon Ier à l'occasion du deuxième centenaire de sa naissance! Et personne, jamais, ne répond à cette question; cette prodigieuse aventure d'un homme et d'un pays, qui l'a payée?

Napoléon, dès son avènement, demande à Sieyès de lui indiquer deux financiers de premier ordre. Réponse: Gaudin, né en 1756, directeur des contributions publiques sous Necker; Mollien, né en 1758, premier commis du Contrôle général des Finances sous Calonne. Gaudin devint ministre des Finances, Mollien, directeur, puis ministre du Trésor. Les deux hommes furent fidèles jusqu'à Waterloo.

Le premier problème de Napoléon après le 18-Brumaire ne fut ni de politique ni de gloire militaire. Il n'avait pas un sou en caisse. Et pas de prêteurs après la faillite des deux tiers faite par le Directoire.

Il lui fallait donc de l'argent tout de suite. Ses financiers proposèrent d'émettre des titres sur les impôts à percevoir dans les douze ou dix-huit mois à venir. Mais il fallait une encaisse pour garantir ces «papiers». On demanda donc aux receveurs généraux des Finances de fournir à l'Etat un cautionnement élevé en liquide. Les Français étaient riches, particulièrement les bourgeois qui avaient fait des affaires d'or avec les biens nationaux. Le fonds de démarrage était trouvé, la vie quotidienne réamorcée. La«confiance», assurée par le rétablissement de l'ordre, faisait le reste.

Le reste pour la vie quotidienne de la France. Pas pour une aventure exaltante comme celle d'Alexandre ou de César. Ici, Mollien et Bonaparte n'avaient plus les mêmes idées.

Mollien était une personnalité plus forte que Gaudin. Non pas seulement parce qu'il avait mis en oeuvre l'idée de Lavoisier de créer l'octroi de Paris. Mais parce qu'il avait réussi à ramener à la raison les fermiers généraux de l'Ancien Régime. Mais encore parce qu'il avait les yeux ouverts sur le monde et particulièrement sur le pays qui voulait assurer sa prépondérance sur l'Europe: l'Angleterre.

Celle-ci n'avait pas seulement inventé l'industrie et l'agriculture modernes. Elle avait aussi, après bien des tâtonnements, créé un véritable marché financier où l'État pouvait puiser selon ses besoins sans être, comme en France, contraint de passer par des banquiers abusifs. Tout le système anglais reposait sur un fonds d'amortissement, alimenté par une subvention budgétaire qui avait, en théorie, la tâche de rembourser la dette perpétuelle et servait, en fait, au maintien des cours et des emprunts de l'État. Cette réforme était réalisée depuis 1786. Elle avait fait ses preuves, Mollien voulait la transférer en France. Rappelons pour mémoire que la veille du 17 Brumaire, le 5% français valait 7 francs à Paris et le 4% anglais 80 francs à Londres.

Napoléon n'a rien voulu savoir. Il consentait, certes, à créer une Caisse d'amortissement et à lui fournir une maigre dotation. Il le fallait, puisque cela faisait bon effet dans le panorama financier du moment. Il avait, pour satisfaire son ambition, d'autres idées.

Il voulait créer une dynastie. Il s'interrogeait donc sur les motifs du détachement des Français à l'égard des Bourbons.

Avec une psychologie sommaire, mais combien juste et toujours actuelle, il avait compris qu'au peuple français épris de gloire on pouvait demander quelques menus sacrifices dans la vie quotidienne, une fidélité absolue au chef, de l'héroïsme sur les champs de bataille, de longues campagnes en terre étrangère − et même le sang de ses fils. A peu près tout, donc, sauf des impôts lourds. Pour lui, la monarchie était en grande partie morte de sa fiscalité. Lui, Napoléon, allait donner aux Français la gloire et un empire sans augmenter les impôts.

La seconde idée fixe de Bonaparte était de ne pas emprunter. Et pour cent raisons. D'abord, parce que l'emprunt public que Mollien lui offrait avec sa réforme à l'anglaise, c'était une manière de se soumettre à un référendum public au moment où l'on avait besoin d'argent. C'était un risque à éliminer.

Le 18 mai 1805, de Milan, Napoléon écrit à Gaudin: De mon vivant, je n'émettrai aucun papier.

C'est ainsi que le Premier Empire a vécu avec un budget en équilibre et en très léger accroissement. Jusqu'aux adieux de Fontainebleau, il n'a pratiquement pas augmenté la dette publique, alors que dans le même temps l'Angleterre avait multiplié la sienne par quinze.

ROGER PRIOURET: *L'Express,* 24 février, 1969

92. LE MARIAGE DE MARIE-CAROLINE DE NAPLES ET DU DUC DE BERRY, 1816

Paris accueillit la petite princesse par une immense ovation. Les maisons étaient réunies par des guirlandes de verdure. *«Nous ne sommes plus orphelins!»* avaient écrit au-dessus de leur porte les petits pensionnaires d'un orphelinat. Un acrobate — M. Saqui —, vêtu en guerrier roman, s'élança sur une corde tendue au-dessus de la chaussée. Marie-Caroline put craindre que l'histoire du Cupidon jaune ne se reproduisît une seconde fois. Il n'en fut rien et M. Saqui atteignit l'autre côté du boulevard après avoir fait pleuvoir sur le carrosse une pluie «de fleurs odorantes».

On n'est pas plus galant!

Je renonce à décrire la cérémonie du mariage à Notre-Dame. Ce ne furent que roulements de tambours, trompettes claironnantes, chevaux richement harnachés et piaffants tirant trente-six carrosses rehaussés de pourpre, de bleu et d'or; ce ne furent que draperies d'azur semées de fleurs de lys, candélabres d'or, cloches sonnant à toute volée, cantates, suisses en costumes de la Renaissance, gardes de corps rutilants, uniformes argentés, plumes de toutes espèces, le *Sancy* au pommeau de l'épée du roi, le *Régent* étincelant à son chapeau. Marie-Caroline ne pouvait pas regarder «son Charles», doré et endiamanté, sans être aveuglée. Elle était elle-même revêtue d'un «pardessous» de satin blanc recouvert de tulle d'argent et exécuté par «le sieur Leroy, fournisseur ordinaire de Madame la duchesse d'Angoulême, dont les talents et les goût sont si connus». Il s'agit bien entendu des talents et des goûts du tailleur... car Madame Royale, par quelques retouches personnelles, réussissait toujours à rendre méconnaissables les créations de son «fournisseur ordinaire»...

Marie-Caroline dut certainement sourire lorsqu'elle entendit le Grand Aumônier de France lui souhaiter «l'amabilité de Rachel, la pudeur de Rebecca, la douceur d'Esther et la fidélité de Sarah...»

Le ronchonneux Frénilly — le *baron de Frénésie,* disait Louis XVIII — fut mécontent. «Rien d'élégant, de riche, de galant, de pacifique surtout, soupirait-il, rien qui caractérisât la vieille France et l'antique royauté des uniformes, des baïonnettes et des sabres. Bonaparte en avait fait la seule enseigne de la Monarchie et on parodiait Bonaparte faute de pouvoir l'imiter.»

Le soir, ce fut le dernier grand couvert de la royauté. La Galerie de Diane servit de cadre à l'épreuve.

Seuls les princes et les princesses du sang ayant le droit de s'asseoir à la table du roi, les duchesses sur leurs tabourets, et toute la Cour, debout, attendaient, figés respectueusement, que le roi veuille bien se mettre à table.

La «nef», contenant la serviette, la cuillère, le couteau et la fourchette du roi, fut tout d'abord apportée par les officiers du gobelet, escortés par les gardes du corps. Deux aumôniers du quartier vinrent aussitôt

114

monter la garde près du couvert... et le roi, au son des trompettes, fit son entrée, suivi des mariés.

On s'assit au milieu de l'émotion générale. Un orchestre immense rendait toute conversation impossible. Les plats en nombre considérable, recouverts de cloches d'argent portant les mots «Bouche du Roi» et escortés militairement, étaient annoncés à leur arrivée dans la Galerie. Chaque fois que Louis XVIII voulait boire, ce désir déclenchait une véritable parade... presque un ballet!

Le long des fenêtres, le public défilait sans s'arrêter sur une *estrade* aménagée pour la circonstance.

ANDRÉ CASTELOT: *La Duchesse de Berry* (1964)

93. HIPPOLYTE CARNOT ET L'ENSEIGNEMENT POPULAIRE

Dans le Gouvernement Provisoire de février 1848, le portefeuille de l'instruction publique échut à Hipployte Carnot, le fils de Lazare Carnot. (Pendant les Cent-Jours Lazare Carnot avait été nommé ministre de l'Intérieur et il avait eu à ce titre l'instruction publique dans ses attributions. Le 27 avril 1815, il adressait à l'Empereur un rapport sur l'Enseignement primaire.) Nous traiterons plus loin des écoles mutuelles, mais nous rappellerons ici que, dans son rapport, Lazare Carnot préconisait sur un ton d'ardente passion la création rapide de nombreuses écoles mutuelles. Au moment où tonnait le canon de Waterloo, s'ouvrit à Paris, rue Jean-de-Beauvais, sous le parrainnage de Lazare Carnot et grâce aux soins de MM. de Lasteyrie et Jomard, la première école mutuelle de quelque importance – elle groupait 300 enfants – qui ait fonctionné en France. Etudions un instant la personnalité assez complexe et un peu fuyante d'Hippolyte Carnot. Celui-ci n'avait pas seulement puisé dans l'exemple de son père le désir d'instruire le peuple. Dans sa jeunesse, avec ses amis Reynaud et Charton, il avait aussi fréquenté les Saint-Simoniens qui étaient, peut-on dire, des pédagogues nés. Carnot, Reynaud et Charton s'étaient d'ailleurs très vite retirés de l'école saint-simonienne qui, à leurs yeux, ne respectait pas suffisamment la famille et la propriété. En dépit de leurs talents pédagogiques, les Saint-Simoniens, parce que trop autoritaires, trop distants, ne conquièrent que rarement les sympathies populaires. Et Carnot lui-même, malgré sa petite taille qui lui donnait un caractère débonnaire, malgré sa bonne volonté, ne parvient pas à s'imposer à la masse. Il porte sur lui un mélange de raideur professorale et d'onction chrétienne qui est peu propre à séduire les militants ouvriers. Cependant un homme comme Corbon – le sculpteur sur bois Carbon, après avoir été l'animateur de l'*Atelier* pendant les années Quarante, sera vice-président de la Constituante en 1848 et militera sous le Second Empire dans les rangs de la démocratie républicaine – témoigne de l'amitié pour Carnot qu'il considère comme un «large et ferme esprit».

Pour diriger les services de son département ministériel, Carnot fait appel à ses amis Jean Reynaud et Edouard Charton. Dès le printemps 1848, Carnot et ses collaborateurs s'occupent de mettre sur pied un projet complet de réorganisation de l'Enseignement.

L'Enseignement, déclare Carnot, doit être gratuit, obligatoire et libre: «Obligatoire, parce qu'aucun citoyen ne saurait être dispensé, sans dommage pour l'intérêt publique, de la culture reconnue indispensable au bon service de sa part de souveraineté.» Gratuit, parce que «sur les bancs des écoles de la République, il ne doit pas exister de distinction entre les enfants des riches et ceux des pauvres». Libre, parce que tout citoyen doit pouvoir communiquer aux autres ce qu'il sait, parce que le père de famille doit pouvoir confier ses enfants à l'instituteur qui lui convient. «Nous considérons la déclaration de ce droit comme une des applications légitimes et sincères de la parole de liberté que notre République a jetée au monde avec enthousiasme.» Le certificat de moralité demandé à l'instituteur est aboli. L'instituteur public nommé par le ministre sera rétribué par l'Etat, et son traitement amélioré. Carnot était modéré, mais le 6 mars 1848, quelques semaines avant la grande consultation électorale qui devait doter le pays d'une Constituante, il avait adressé aux recteurs une circulaire assez naïve dont les répercussions lui furent fatales. Les instituteurs, d'après cette circulaire, devaient rappeler aux nouveaux citoyens que pour être représentant du peuple ni la fortune ni la bonne éducation traditionnelle n'étaient nécessaires: un brave paysan doté de bon sens et d'expérience pouvait remplir à l'Assemblée un rôle plus utile que ne le ferait un citoyen riche et lettré.

GEORGES DUVEAUX: *La Pensée ouvrière pendant la seconde république et le second Empire* (1964)

94. LA LOCALISATION INDUSTRIELLE À PARIS AU XIXe SIÈCLE

La banlieue sud exprime, par ses localisations industrielles et leur évolution plus tardive et moins dense, des relations différentes avec le milieu économique parisien. Des communes comme Charenton, Ivry, Gentilly ou Montrouge sont beaucoup plus éloignées que Pantin ou Saint-Denis des principaux centres d'affaires. Entre elles et les grands quartiers marchands, s'étend une zone plus ou moins morte de quartiers bourgeois et populaires, faiblement commerçants, faiblement industrialisés et faiblement entreprenants. La Seine elle-même n'est pas, dans cette banlieue, une route d'usines. En 1889 encore, une photo de Denisse nous la montre, en plein Bercy, bordée de quais sans construction, sans entrepôts et même sans maisons. Cette zone s'est développé beaucoup plus tard que la zone septentrionale, et la progression de sa courbe de population ne doit pas faire illusion sur son développement économique ou industriel. Jusqu'à la Révoltuion de 1833, Ivry n'est encore qu'un pays de cultures et de belles chasses, et, en 1840, la laiterie et les cultures maraîchères sont les principales industries de ses habitants; ses côteaux creusés de carrières et décorés de vignes n'offraient guère de sites d'usines et la Seine, encaissée dans un fossé profond et sans berges, depuis Port-à-l'Anglais jusqu'aux fortifications, était peu favorable au commerce lui-même; les travaux d'aménagement du fleuve ne se feront qu'à la fin de la Monarchie de Juillet. Mais, même dans les deux dernières décades du XIXe siècle, Montrouge n'offrira guère d'usines qu'au centre de son agglomération. Toute la périphérie, du côté de la zone militaire et même du côté de Malakoff, est alors occupée par des horticulteurs. Jusqu'à la fin du Second Empire, Gentilly et Montrouge apparaissent comme de lointaines communes, dont certains quartiers sont difficilement accessibles, si ce n'est par de mauvais chemins, vaguement tracés au milieu des terres labourées. Zone étrange et inquiétante dont les guinguettes sont fréquentées par les ouvriers le dimanche et le lundi, mais où les bourgeois ne s'aventurent pas volontiers.

Mais cet éloignement géographique ne saurait pas nous intéresser ici qu'en tant qu'il exprime un certain type de relations économiques avec le marché de consommation parisien et les conditions particulières d'attraction ouvrière et d'emploi. Or, ces communes sont, économiquement aussi, très éloignées des principaux centres d'affaires et, dans leur ensemble, elles s'attarderont à certaines catégories de services que les communes de la banlieue nord ont dépassées dès la deuxième moitié de l'Empire. Pour la plupart, elles ne parviendront pas à bâtir, sur ces services primaires rendues à l'économie parisienne, une économie secondaire plus complexe, plus diversifiée, et plus rentable. A la fin du XIXe siècle, Montrouge et Gentilly en seront encore au stade économique que Clichy ou Saint-Denis dépassent dès 1840. Alors que les agglomérations septentrionales échafaudent très tôt, sur une économie chimique et métallurgique élémentaire et sur l'élaboration des matières premières et des sous-produits de l'économie parisienne, une structure industrielle nouvelle et une expansion commerciale étendue, les communes de la banlieue sud se cantonnent dans ces travaux obligés, faiblement payants et faiblement attractifs.

LOUIS CHEVALIER: *La Formation de la population parisienne au XIXe siècle* (1950)

95. LE LENDEMAIN DE LA GUERRE

Comme tout le monde, je constate que, de nos jours, le machinisme domine l'univers. De là s'élève le grand débat du siècle: la classe ouvrière sera-t-elle victime ou bénéficière du progrès mécanique en cours? De là sont sortis, hier, les vastes mouvements: socialisme, communisme, fascisme, qui s'emparèrent de plusieurs grands peuples et divisèrent tous les autres. De là vient, qu'en ce moment, les étendards des idéologies adverses:

libérale, marxiste, hitlérienne, flottent dans le ciel des batailles et que tant d'hommes et tant de femmes, emportés par le cataclysme, sont hantés par la pensée de ce qu'il adviendra d'eux-mêmes et de leurs enfants. De là résulte cette évidence que le flot de passions, d'espoirs, de douleurs, répandus sur les belligérants, l'immense brassage humain auquel ils se trouvent soumis, l'effort requis par la reconstruction, placent la question sociale au premier rang de toutes celles qu'ont à résoudre les pouvoirs publics. Je suis sûr que, sans des changements profonds et rapides dans ce domaine, il n'y aura pas d'ordre qui tienne.

Combien est-ce vrai pour la France! La guerre l'avait saisie en pleine lutte des classes, celle-ci d'autant plus vive que notre économie, gravement retardataire, répugnait aux changements et que le régime politique, dépourvu de vigueur et de foi, ne pouvait les imposer. Sans doute, à cette stagnation y avait-il des causes de force majeure. Contrairement à d'autres, nous n'avions pas la fortune de posséder en abondance le charbon et le pétrole qui nourrissent la grande industrie. Avant la première guerre mondiale, la paix armée nous contraignait à consacrer aux forces militaires une large part de nos ressources. Ensuite, faute d'avoir obtenu le règlement des réparations, nous avions été accablés par le fardeau de la reconstruction. Enfin, devant la menace allemande réapparue, il nous avait fallu reprendre l'effort d'armement. Dans de pareilles conditions, les investissements productifs restaient trop souvent négligés, les outillages ne se transformaient guère, les richesses demeuraient étales, tandis que les budgets publics se bouclaient péniblement et que fondait la monnaie. Tant de retards et d'embarras joints aux routines et aux égoïsmes, disposaient mal l'économie et, avec elle, les pouvoirs à entreprendre les réformes qui eussent donné leur part aux travailleurs. Il est vrai qu'en 1936 la pression populaire imposait quelques concessions. Mais l'élan s'enlisait vite dans la vase parlementaire. Quand la France aborda la guerre, un lourd malaise social tenait son peuple divisé.

Pendant le drame, sous le faix du malheur, un grand travail s'était opéré dans les esprits. Le désastre de 1940 apparaissait à beaucoup comme la faillite, dans tous les domaines, du système et du monde dirigeants. On était donc porté à vouloir les remplacer par d'autres. D'autant plus que la collaboration d'une partie des milieux d'affaires avec les occupants, l'étalage du mercantilisme, le contraste entre la pénurie où presque tous étaient plongés et le luxe de quelques-uns, exaspéraient la masse française. Et puis, cette guerre, où Hitler luttait à la fois contre les démocraties et contre les Soviets, jetait toute la classe ouvrière du côté de la résistance. La nation voyait les travailleurs reparaître en patriotes en même temps qu'en insurgés, comme ç'avait été le cas à l'époque de la Révolution, des journées de 1830, du soulèvement de 1848, des barricades de la Commune. Mais, cette fois, c'est contre l'ennemi qu'ils faisaient grève ou allaient au maquis. Aussi, l'idée que les ouvriers pourraient de nouveau s'écarter de la communauté nationale était-elle odieuse au pays. Bref, rénover l'économie afin qu'elle serve la collectivité avant de fournir des profits aux intérêts particuliers et, du même coup, rehausser la condition des classes laborieuses, c'est ce que souhaitait le sentiment général.

CHARLES DE GAULLE: *Mémoires de Guerre, Vol. III, Le Salut* (1959)

96. LE PROBLÈME ESPAGNOL

Dès le début de la même année 1946, nos relations avec l'Espagne, qui n'étaient pas aisées, devinrent tendues, avec une série de développements pénibles et même absurdes. Pour comprendre cet épisode, il faut se rappeler quelle était la disposition des esprits à cette époque. La guerre civile espagnole avait eu en France de très graves conséquences, à la fois politiques et sentimentales. Plus encore que la guerre d'Ethiopie, le déchirement tragique de l'Espagne, avec le cortège d'horreurs et les calculs stratégiques qui l'accompagnaient, avait été le signal décisif d'une nouvelle ère, celle de la guerre civile internationale. Il fait beau raconter aujourd'hui que les idéologies sont dépassées ou vermoulues et qu'il faut les congédier toutes ensemble. Si ces propos n'étaient pas l'aveu d'une complicité active quoique dissimulée, avec l'une des idéologies, de beaucoup la pire, ils tomberaient au rang de niaiserie solennelle.

Il est clair qu'à travers le monde deux idéologies s'affrontent – l'une et l'autre approximatives, mais l'une et l'autre acharnées: le communisme (moins uni qu'il ne le fut dans le choix des moyens mais toujours avec la même concordance, voire la même identité dans les buts) et, en face, l'ensemble disparate, divisé, contradictoire, de ceux qui résistent au communisme. Ces derniers sont en mauvaise position, aussi bien pour la coexistence pacifique que pour la guerre froide: ils sont sur la défensive intellectuelle et stratégique. C'est pourquoi on les voit d'année en année laisser ronger le domaine où survivent, imparfaitement, les maximes de la liberté et de la dignité humaine.

Au lendemain d'une guerre mondiale qui laissait traîner sur les ruines qu'elle avait faites et sur celles qu'un mauvais règlement allait y ajouter, un épais nuage de passions abstraites chargées de toutes le menaces concrètes d'expansion, le nombre de ceux qui gardaient la tête froide au sujet de l'Espagne était réduit à quelques unités sans moyen d'expression. Pour les socialistes, les communistes et nombre de radicaux, chez qui la nonintervention de Léon Blum, si partielle qu'elle ait été, continuait après les années à susciter un violent regret, l'une des tâches les plus urgentes était d'en finir avec le dernier dictateur européen. Les autres dictateurs, ceux de l'Est, étaient par les uns considérés comme des camarades sous le commandement unique de Staline, et par les autres absous au nom du sens de l'histoire. Dans les rangs du M. R. P., on ne se souvenait guère alors que des grandes lignes de l'intervention hitléro-fasciste. Franco avait été très vite secouru par les puissances de l'Axe et finalement victorieux grâce à elles. Quant aux brigades internationales qui ont fourni tant de chefs au maquis pendant la guerre et aux divers partis communistes aussitôt après, celui qui les avait suscitées du fond du Kremlin s'était trouvé, du fait de l'attaque allemande, du bon côté, le nôtre, pendant le conflit. Aussi oubliait-on que Francisque Gay avait écrit, pour répondre à un éloge sans restrictions que Jean-Richard Bloch et d'autres avaient publié dans l'hebdomadaire *Vu* de Lucien Vogel, une brochure d'une extrême véhémence intitulée: *Dans les flammes et dans le sang.* Je n'ai pas observé que cet ouvrage ait été mentionné par ceux qui ont pu rendre hommage en personne au cercueil du vieux combattant, quand Dieu l'eût rappelé à lui. C'est ce qui s'appelle le mensonge par omission, à moins qu'il ne s'agisse seulement d'une indifférence à la vérité, transformée en habitude par la persévérance et confirmée par la bonne conscience de quelques-uns qui finissent par penser comme ils ont vécu.

GEORGES BIDAULT: *D'une Résistance à l'autre* (1965)

97. LA BRETAGNE ET LA FRANCE

Mais la France, que connaît-elle de la Bretagne? Bécassine, «bonniche» incorrigible, et paimpolaise comme de juste. Et ces transhumants aux valises mal ficelées qui débarquent à la gare Montparnasse, patoisants, têtus, bons à tout faire, dont les fanfares folkloriques interrompront la grasse matinée des dimanches du XVe arrondissement. Les vacances ne font qu'engraver le préjugé. Entassé sur les plages du Morbihan ou mêlé aux marins des Côtes-du-Nord, le Parisien en congé payé s'offre «Pêcheur d'Islande» au naturel. Il a photographié Douarnenez et ses filets bleus, visité les parcs à huitres, rêvé devant la pointe du Raz et frémi au bord du cap Fréhel. Il n'a rien vu.

La mer empêche de voir la Bretagne. Ainsi, la pêche. Elle paraît une activité capitale. Contrairement à ce qu'on croit souvent, le Français est un des plus gros mangeurs de poisson du monde. Et la Bretagne lui fournit 50% de son poisson. Or, la pêche bretonne est au bord de l'agonie. Les fonds traditionnels s'épuisent. Le poisson cher, celui qu'aime le Français, doit être recherché de plus en plus loin. Et dans le même temps, Allemands et Hollandais inondent le marché français avec un produit de deuxième choix, mais beaucoup mieux présenté. La mauvaise commercialisation, le défaut d'équipement des grands marchés, en frigorifiques notamment, mettent le poisson breton en position d'infériorité. Et surtout, la route — la route, qu'on retrouve comme un leitmotiv dans le flot des revendications bretonnes: tandis que le poisson hollandais arrive à Paris par l'autoroute du Nord, le poisson breton, lui, doit encore zigzaguer sur une «nationale» qui

120

n'a pratiquement pas changé depuis Colbert. Et la suppression de l'abstinence du vendredi n'a rien arrangé.

Le résultat est que, pour maintenir seulement la pêche bretonne dans son état actuel, il faudrait construire au moins vingt chalutiers par an. On en a construit deux l'an dernier, l'on n'en construira aucun cette année. De sorte que, dans six à huit ans, la flotte bretonne de haute mer aura disparu.

Bien sûr, c'est grave. Des campagnes d'éducation du consommateur sont en cours, en même temps que se constituent des groupements unissant pêcheurs, armateurs et mareyeurs et que se développe l'implantation d'unités de conservation. La ménagère française doit cesser de confondre conservé et «pas frais» et convaincre son mari que manger du poisson, c'est manger moderne.

Mais à l'échelle de la réalité bretonne, que pèsent la pêche et son industrie? Sur une population active d'un million, 35 000 personnes. C'est assez dire que l'essentiel est ailleurs.

Mais il faudrait d'abord changer la France, c'est tout le problème. Changer la France jacobine, monarchique, concentrique, la France hydrocéphale de Paris. Le centralisme français fut longtemps justifié. Confrontée aux féodalités sans cesse renaissantes, menacée par le vieil individualisme gaulois, la république suivit les rois dans un effort millénaire d'unification. Aujourd'hui, le centralisme de l'administration française n'est plus qu'un frein. La nation moderne, comme l'entreprise moderne, doit déléguer le pouvoir. La Bretagne ne réclame pas autre chose. Elle sait qu'il serait aussi fou pour elle de faire sécession qu'il serait peu sage pour Paris de persister à contraindre.

Régionalisme. Le mot fait peur, chargé qu'il est de tous les délices et les poisons du folklore. Aucun pourtant n'est plus moderne. Car au bout du progrès, au bout de l'accélérateur à particules, au bout de l'autoroute à huit voies, au bout de la télévision partout, qu'y a-t-il? Rien, s'il n'y a pas l'homme. L'homme unique, avec son accent, ses goûts, son décor, son ciel. Soudain, antidote à toutes les «rançons du progrès», la région retrouve son plein sens: sans elle, l'homme moderne n'a plus d'identité.

La vraie menace n'est pas dans les quelques pétards sur un fond de biniou qui éclatent à l'Ouest. La vraie menace est en chacun de nous. Et l'heure fantôme qui sonne au clocher d'Ys est celle du choix: la Bretagne sera — ou la France ne sera plus.

GEORGES MENANT: *Paris-Match*, 1er février, 1969

98. PROBLÈMES DU HAMEAU TZIGANE DE PLAN-DE-GRASSE

La modernisation des ateliers et les débouchés nouveaux n'ont pas, comme on pourrait le penser, élevé le niveau de vie général des Roms et des Sintis.

Ils se sont trouvés en effet devant des charges nombreuses auxquelles ils échappaient autrefois: loyer, eau, gaz, électricité, aménagement de l'habitat, amortissement de l'outillage, T. V. A., cotisation à une caisse de vieillesse artisanale, assurances, frais de scolarité, impôts divers...

Le travail, dans son ensemble, n'a pas encore été suffisant pour équilibrer le budget familial; certains ont donc pensé à se reconvertir. Ils se sont alors heurtés à un obstacle de taille: ils étaient tous, à l'entrée du village, analphabètes et ils ont demandé aux éducateurs de leur apprendre à lire.

Entreprise collectivement, l'expérience était vouée à l'échec: ceux qui se découragèrent les premiers entraînèrent les autres. On a donc décidé de la reprendre, mais individuellement cette fois, en utilisant les techniques audio-visuelles. Le succès devrait être assuré, car le désir d'apprendre est profond.

Pour les créateurs du hameau, l'alphabétisation des adultes n'est pourtant pas un but en soi, mais un moyen parmi d'autres de favoriser leur adaptation à notre société; l'éducation des enfants, en revanche, que l'on a la chance de pouvoir prendre en main dès leur plus jeune âge, est un but, le premier même, de l'expérience.

«Jusqu'ici les petits Tziganes avaient une scolarité fantaisiste, allant d'une école à l'autre, au gré des pérégrinations de leurs parents. Bien souvent, d'ailleurs, ils se contentaient de venir le premier jour faire signer leur carnet anthropométrique, et l'instituteur ne les revoyait plus.»

M. Righetti, directeur de l'école de Plan-de-Grasse, était adjoint depuis 1953 lorsque se dessina le projet de création du hameau. Déjà, grâce à son intervention, quelques familles avaient obtenu, cinq ans auparavant, l'autorisation de stationner à l'entrée du village, et leurs enfants fréquentaient l'école.

«Malheureusement, ils étaient perdus dans des classes de quarante élèves et il était difficile, dans ces conditions, de leur consacrer le supplément d'attention que réclame leur intelligence particulière. Je fonde, par contre, beaucoup d'espoirs sur ceux qui viennent d'entrer cette année à la maternelle et dans les petites classes. Les problèmes d'effectifs ont été en partie résolus. C'est ainsi que les cours préparatoires accueillent en moyenne vingt-cinq élèves. Bien entendu, les Tziganes n'ont pas été mis dans des classes réservées afin de ne pas créer de ségrégation. Je déplore, néanmoins, de ne pas disposer d'instituteurs spécialisés, capables d'aider le jeune Tzigane à s'adapter à un enseignement qui n'a pas été conçu pour lui.»

Cette réserve faite, M. Righetti ne cache pas son optimisme:

«Le fait de vivre dans un hameau qui est à eux, dont on ne les chassera pas, à côté d'une population qui ne leur manifeste pas d'hostilité, les a «sécurisés». Ceux qui nous arrivent maintenant, à l'âge de quatre ans, ont toutes les chances, d'autant plus que les éducateurs du hameau s'attachent à les adapter à nos structures mentales et complètent ainsi nos efforts.»

Il ne s'agit pas, pour les éducateurs, de se substituer aux parents, mais d'être présents à leurs côtés. C'est au jeu que l'on fait appel pour créer les

122

tabous indispensables et donner l'habitude d'une discipline librement consentie. Un jardin d'enfants a été réalisé au sein du hameau et on ne peut y aller qu'à certaines heures. Quand on sait avec quelle facilité un Tzigane saute une barrière, il est encourageant de constater que celle qui entoure l'aire de jeu est respectée.

PHILIPPE LE CORROLLER: *Le Monde*, 21 janvier 1969

99. LA CONFIANCE NE SE DIVISE PAS

Les plus hautes autorités de l'Etat s'inquiètent à juste titre de voir les Français s'abandonner à la morosité. C'est en effet le terme qui convient pour caractériser l'état de l'opinion publique. Il n'est pas jusqu'à la majorité parlementaire qui ne se laisse gagner par ce climat.

Vouloir réagir contre un état d'esprit si peu favorable à la défense de notre monnaie, c'est s'attacher à en rechercher attentivement les causes et s'employer à y remédier effectivement.

Certes, la phase aiguë de la crise du franc a d'abord conduit à interpréter la dégradation de la confiance à partir de facteurs immédiats. C'est ainsi qu'ont été mises en cause des erreurs psychologiques évidentes, telles que l'affaire des droits de succession.

Ici, il n'est pas question de contester les répercussions de certaines mesures fiscales. Lorsque, pour en citer un autre exemple, on a vu l'Etat insérer dans l'augmentation de l'impôt sur le revenu un artifice technique aboutissant à surcharger certains contribuables bien au-delà des taux annoncés, la confiance ne pouvait que s'en trouver atteinte.

Mais il était moins juste d'incriminer l'aspect contradictoire de la politique économique et financière du gouvernement. C'était, dans une large mesure, faire abstraction de la simultanéité de deux objectifs également vitaux mais traditionnellement difficiles à concilier. D'une part, il fallait stimuler l'expansion pour tenter de résorber les pertes entraînées par la crise du printemps et pour faire reculer le chômage, dont l'extension avait créé l'une des principales psychoses du mois de mai. D'autre part, il fallait se garder d'un processus inflationniste susceptible de dégrader la monnaie et le pouvoir d'achat.

En vérité, la tendance économique est aujourd'hui suffisamment saine, si l'on en juge par la courbe de la production et de l'emploi, pour ne pas justifier les lourdes inquiétudes que traduit l'état de l'opinion. Par ailleurs, le plan de redressement mis en oeuvre témoigne d'une réelle volonté gouvernementale de gagner la bataille du franc avec le concours de tous les Français.

Dans ces conditions, il serait vain de se dissimuler que le pessimisme ambiant trouve sa source dans les appréhensions d'ordre politique. Tout le monde est en effet convaincu que la bataille sur le front des prix et de l'assainissement budgétaire dispose d'une marge de manoeuvre exagérément étroite, compte tenu de la volonté manifeste de certains leaders syndicaux d'exploiter la moindre faiblesse du dispositif pour tenter une nouvelle fois d'ébranler le régime lui-même.

MICHEL CALDAGUÈS: *Le Figaro*, 17 décembre 1968

100. LES DANGERS DU POUVOIR PERSONNEL

L'élection directe du président de la République au suffrage universel est la disposition la plus caractéristique de notre Constitution actuelle. Il est très improbable qu'elle puisse être remise en question. Les citoyens n'avaient montré aucune véhémence, c'est le moins que l'on puisse dire, à réclamer cette élection directe. On conçoit mal qu'ils acceptent aujourd' hui d'être privés de cet avantage ou, si l'on préfère, d'être jugés indignes de cette responsabilité. Les plus fortes critiques adressés à la réforme de 1962 s'attachaient rarement au fond et le plus souvent à la procédure, à laquelle le Français, juriste-né, accorde volontiers son attention. La contestation s'appuyait encore sur des précédents tenus généralement pour fâcheux et sur des mésaventures historiques, qui ont fait paradoxalement du plébiscite, expression par excellence de la souveraineté populaire, un vocable exécré, chargé de la magie noire des dictatures. Mais les exceptions de procédure et les arguments de jurisprudence n'ont parfois que la vie chatoyante des éphémères. L'affaire étant réglée au fond, on ne rouvrira plus un débat de forme sur des articles dont les numéros sont déjà effacés des mémoires les plus opiniâtres. Quant aux précédents, un nouveau vient d'être créé, qui fait déjà oublier les anciens.

On sait que certains esprits politiques — et non des moindres — persistent dans leur hostilité à ce mécanisme. Il faut le regretter et, s'il s'agit d'une simple préférence pour une autre solution, il faut souhaiter qu'ils renoncent à ce terrain de controverse. Si, au contraire, il s'agit d'une profonde opposition doctrinale, alors il est bien légitime que les théoriciens continuent d'affirmer leurs raisons et préparent un combat qu'ils ne pourront livrer sans doute avant longtemps. D'ici là, l'expérience aura fourni ses preuves, dans un sens ou dans l'autre.

Que si, dans cette affaire, les dangers du pouvoir personnel sont le point important, il faut d'abord s'entendre sur les mots. L'expression de pouvoir personnel signifie que le pouvoir est attaché institutionnellement à la personne. Ce n'est pas le cas du président de la République désigné par élection, pour une durée limitée. Et s'il est vrai qu'il faut parler plutôt de la personnalisation du pouvoir, on ne peut s'en tenir à la simple idée, générale mais confuse, d'un rapport accru entre le pouvoir et la personnalité de celui qui l'exerce.

Bien entendu, une forte personnalité peut marquer un grand poste de son empreinte singulière: cela ne signifie nullement qu'elle abuse de ses

124

prérogatives. Il arrive aussi qu'un caractère falot, choisi parce qu'il rassure, s'affirme du jour au lendemain capable de despotisme et que, dans bien des cas, la personnalisation du pouvoir découle en vérité d'une «potestisation de la personne». Quoi qu'il en soit, ce n'est pas, dans nos pays, de *pouvoir personnel* qu'il s'agit mais bien de *pouvoir personnalisé*. Au regard de notre type de civilisation, c'est une différence radicale.

EDGAR FAURE: *Prévoir le Présent* (1966)

INDEX OF AUTHORS AND PASSAGES